VERBORGENE WELTEN

HEATHER AMERY · JANE SONGI

INSEKTEN UND SPINNENTIERE

WUNDER UNTER DEM MIKROSKOP

VERLEGT BEI
KAISER

Titel des Originals: Hidden Worlds/INSECTS AND BUGS/Marvels through the Microscope. Einzig berechtigte Übertragung aus dem Englischen von Manuela Eder.

Erstveröffentlichung in Großbritannien 1993 durch Hamlyn Children's Books, ein Imprintverlag von Reed Children's Books Limited, Michelin House, 81 Fulham Road, London SW3 6RB, und Auckland, Melbourne, Singapur und Toronto.

Herausgeber: Julia Gorton
Gestaltung: Hugh Schermuly
Bildrecherche: Emily Hedges
Produktionsleiter: Ruth Charlton

Einbandvorderseite: Mitte: Waldameise;
Einbandrückseite: Oben, links: zusammengerollte Kugelassel; rechts: Flügel einer Honigbiene; unten: Surinamkäfer
Seite 1: Grüne Blattlaus
Inhalt, oben: Eier eines Weißlings; Mitte: Holzbockzecke;
unten: Bein eines Rüsselkäfers
Seite 5, links: Pollenkorb am Hinterbein einer Arbeiterbiene;
Mitte: Raupe eines Monarchfalters; rechts: Kopf eines Rüsselkäfers

DEUTSCHE ERSTAUSGABE

INHALT

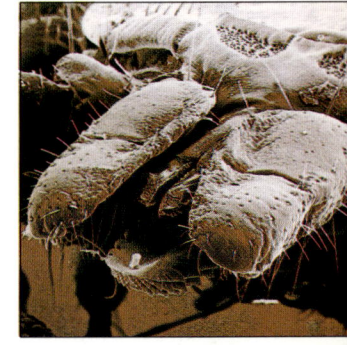

EINLEITUNG

Wenn man ganz genau schaut, kann man alle möglichen winzigen Dinge entdecken: ein Körnchen Zucker, ein kleines Insekt oder auch ein Staubkorn. Mit einem Vergrößerungsglas, einer Lupe, geht das noch besser.

Mikroskope bestehen aus mehreren solchen »Vergrößerungsgläsern«, den Linsen. Die ersten wurden vor fast 400 Jahren gebaut. Damals sahen die Wissenschaftler zum erstenmal Krankheitserreger, Blutkörperchen und noch unzählige andere winzigkleine Dinge, die man mit freiem Auge unmöglich sehen konnte. Mit unseren modernen Mikroskopen können wir heute jedes kleine Objekt bis zu 2000mal größer sehen, als es in Wirklichkeit ist.

Noch leistungsfähiger sind Elektronenmikroskope, die es erst seit ca. 60 Jahren gibt. Anstelle von Licht wird hier ein Elektronenstrahl verwendet, der winzige Objekte bis zu 250.000mal vergrößert zeigt.

Dieser Forscher verwendet ein Elektronenmikroskop zur Untersuchung winzigkleiner Objekte: Er kann die vergrößerten Bilder auf einem Fernsehschirm sehen.

Diese Wissenschaftlerin untersucht Bakterienproben mit einem Lichtmikroskop.

Bei genauer Betrachtung sieht man, daß Zucker eigentlich aus groben Kristallen besteht.

Zucker, wie wir ihn gewöhnlich sehen.

2,5fach vergrößert, sehen die Zuckerkörnchen aus wie gläserne Kristalle.

Und so sieht die Kante eines Zuckerkristalls 500fach vergrößert aus.

In 50facher Vergrößerung erinnern sie schon mehr an Felsblöcke.

INSEKTEN UND SPINNENTIERE

WUNDER UNTER DEM MIKROSKOP

Gepanzerte Tiere

Flügel

Brust

Hinterleib

Fühler

Kopf

Gliedmaßen

Augen

Honigbiene

Insekten haben kein Knochengerüst wie wir. Ihr Körper wird von einer harten, widerstandsfähigen Hautschicht in Form gehalten. Dieser Panzer schützt ihr weiches Inneres, wie zum Beispiel Magen und Hirn. Ein Insektenkörper besteht hauptsächlich aus drei Teilen: dem Kopf, der Brust, auch Thorax genannt, und dem Hinterleib, dem sogenannten Abdomen. Der Kopf trägt Mundwerkzeuge, Augen und oft auch Fühler. Die sechs Gliedmaßen des Insekts sowie seine Flügel – falls es solche besitzt – gehen vom Thorax aus.

Insekten haben keine Nase. Sie nehmen Luft durch Atemröhren in ihrer Brust auf.

Atemröhre einer Mistfliege
(370fach)

Eine haarige Sache (rechts). Insektenhaut mag zwar manchmal glatt aussehen, doch meist ist sie dicht mit Haaren, stachelartigen Borsten oder Schuppen besetzt. Dicht unter der Hautoberfläche liegen empfindliche Nerven, die nicht so sehr auf Berührung, sondern auf Geräusche und Geschmack reagieren. Fliegen können Nahrungsmittel, auf denen sie sitzen, mit ihren Beinen »schmecken«!

Haare auf der Haut eines Springschwanzes

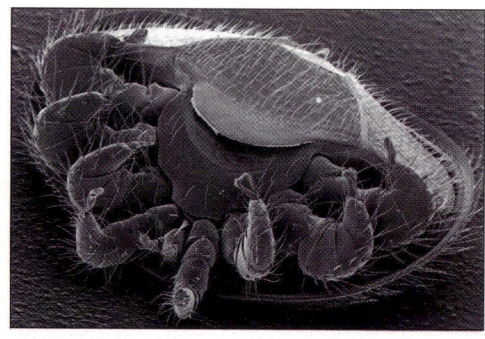

Rückenschild einer Bienenmilbe
(75fach)

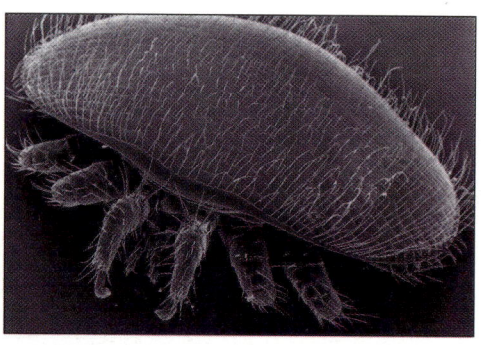

Bienenmilbe, von unten gesehen
(75fach)

Bienenmilben sind winzige Tiere, die auf Bienen leben, ohne ihnen zu schaden. Sie tragen zu ihrem Schutz einen starken Rückenpanzer. Milben sind eigentlich keine Insekten. Sie gehören zur gleichen Klasse wie die Spinnen.

Auch Flöhe können Flöhe haben

Viele Insekten und andere Kleintiere leben im Pelz eines Tieres oder im Gefieder eines Vogels. Oft beherbergen sie selbst noch kleinere Lebewesen auf ihrem Körper. Dieser Floh zum Beispiel lebt zwischen den Stacheln eines Igels. Unter seinen Schuppen sind winzige Milben, für die er seinerseits den Wirt spielt!

Flohmilben (66fach)

Aus der Haut gefahren (unten). Die Haut eines Insekts ist ein harter Panzer, der nicht mit dem Tier wächst. Daher wird sie von Zeit zu Zeit abgestreift. Der neue Panzer ist dann größer und paßt wieder für eine Weile. Manche Zikaden – sie sehen wie große Heuschrecken aus – häuten sich bis zu 30mal in ihrem Leben.

Diese Maskenzikade lebt in Australien. Sie ist aus ihrem Bau gekrochen und klettert einen Baumstamm hinauf. Langsam schlüpft sie aus ihrer alten Haut. Eine Zeitlang ist der neue Chitinpanzer noch weich und hell. Sie ist nun großer Gefahr ausgesetzt, denn für Vögel stellt sie so einen besonderen Leckerbissen dar. Doch bald schon wird sie wieder ihre harte, dunkle Rüstung haben und vor Feinden sicher sein.

Haare und Stacheln auf der Haut eines Springschwanzes

Masken-zikade

Eine Maskenzikade streift ihre alte Haut ab. Bald wird sie die zusammengelegten Flügel ausbreiten und davonfliegen.

Fast eine Million Insektenarten sind bis heute entdeckt worden. Wahrscheinlich gibt es noch vier Millionen unerforschte Arten.

Besondere Flieger

Schwalbenschwanz

(66fach)

Insekten waren die ersten Tiere auf Erden, die fliegen konnten. Schon vor 400 Millionen Jahren, lange vor den Dinosauriern, bevölkerten sie unseren Planeten. Damals waren ihre Flügel einfache Schwingen. Im Flug konnten sie Gebiete mit reichem Nahrungsangebot ausfindig machen, neue Lebensräume erobern und vor ihren Feinden fliehen. Anfangs besaßen die meisten von ihnen zwei Paar Flügel. Bei späteren Insektenarten war aus den beiden Flügeln an jeder Seite oft ein einziger geworden. Heute haben viele Fliegen nur ein Paar Flügel.

Schockfarben. Einige Insekten, zum Beispiel Schmetterlinge, haben prachtvoll gefärbte Flügel. Die schönen Farben locken zur Paarungszeit die Weibchen an. Gleichzeitig dienen sie auch der Abschreckung: wenn ein Schmetterling ganz plötzlich seine Flügel ausbreitet, erschrecken die bunten Flecken oft Vögel, die nach Beute Ausschau halten.

Schuppen auf einem Schmetterlingsflügel

Die Schmetterlinge sind gekennzeichnet durch dachziegelartig überlappende feine Schuppen auf beiden Flügelpaaren

Es gibt über 200.000 bekannte Schmetterlings- und Mottenarten.

Flügel einer Honigbiene
(5fach)

Wer gut fliegt, der summt auch gut! Eine Biene besitzt zwei Paar Flügel. Wenn sie fliegt, verbinden sich die zwei Flügel an jeder Seite. So hat sie einen besseren Auftrieb. Die feinen Adern dienen als Verstärkung. Insektenflügel bestehen aus demselben Material wie ihre Panzer, aus Chitin.

Bienen können eine Fluggeschwindigkeit von bis zu 11 km/h erreichen. Sie schlagen über 200mal in der Sekunde mit den Flügeln. So entsteht auch ihr typisches Summen. Wenn sie ausruhen, falten sie ihre Flügel flach über dem Rücken zusammen.

SCHON GEWUSST?

Wenn Insekten summen, so entsteht dieses Geräusch durch das Vibrieren ihrer Flügel. Je schneller es ist, umso höher klingt der Ton. Ein Moskito gibt einen sehr hohen, hellen Summton von sich: kein Wunder, seine Flügel sausen ca. 600mal pro Sekunde durch die Luft.

Einzelne Flügelschuppe

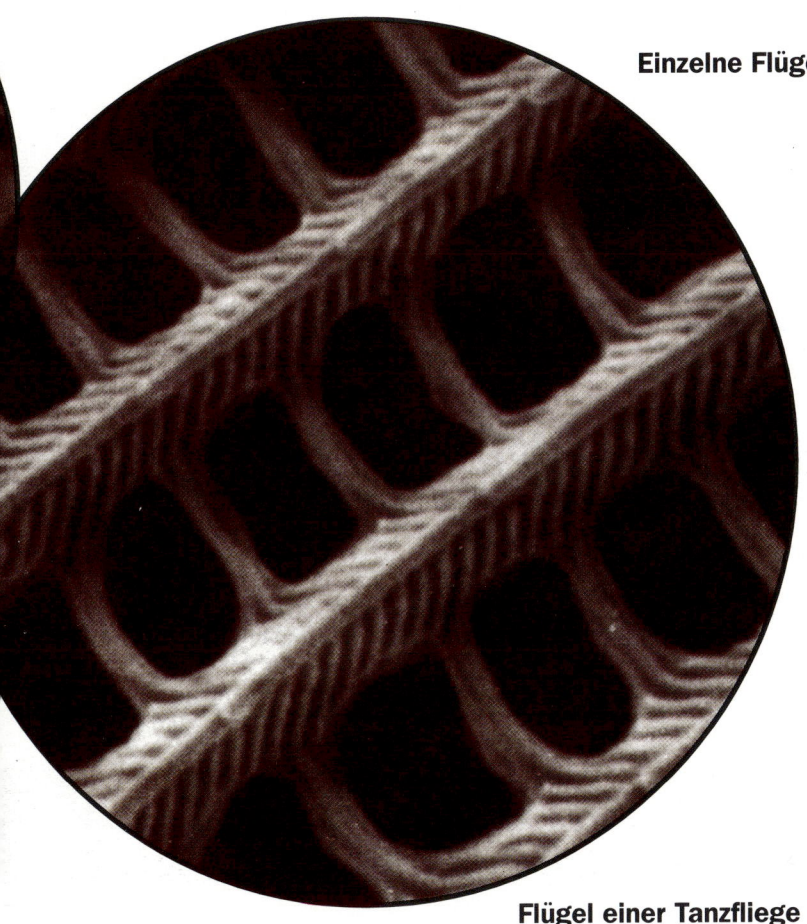

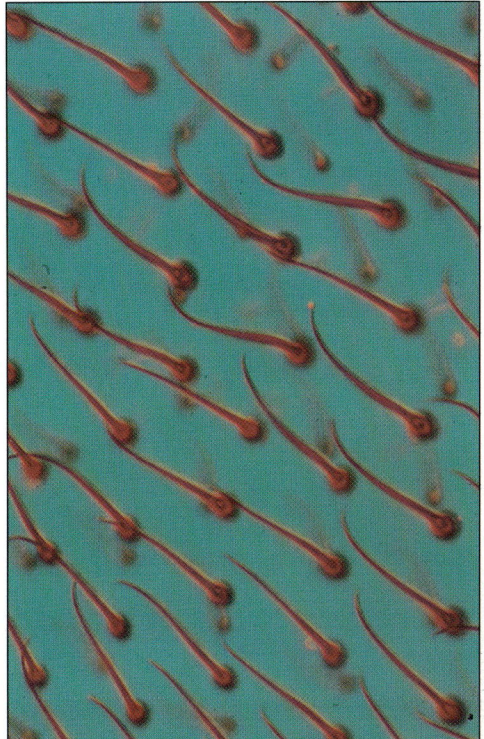

Hier sieht man die Schuppen auf dem Flügel einer Tanzfliege. Wie die meisten Fliegen hat sie nur ein paar Flügel. Das zweite Paar hat sich zu Schwingkölbchen rückgebildet, die einer besseren Balance dienen.

Flügel einer Tanzfliege
(1000fach)

9

Scharfsichtigkeit

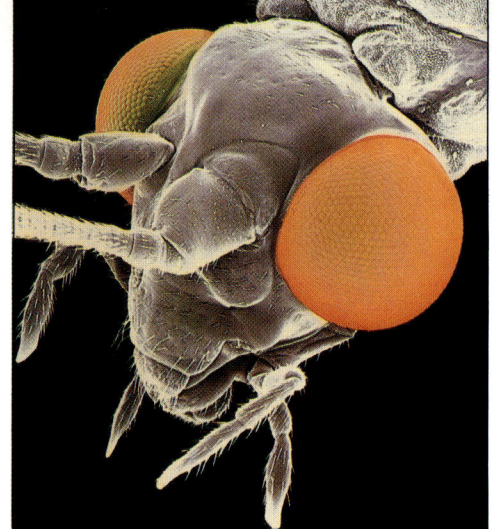

Florfliege
(30fach)

Die meisten Insekten sehen sehr gut. So können sie im Flug ihr Ziel ausmachen, Plätze mit gutem Nahrungsangebot finden und Gefahr sofort erkennen. Ihre Augen sind kunstvolle, komplizierte Gebilde aus mehreren kleinen Teilen, den sogenannten Facetten. Oft sind Insektenaugen sehr groß und bestehen aus Hunderten, ja sogar Tausenden solcher Facetten. Sie können im allgemeinen blaue und gelbe Farbtöne unterscheiden. Nur Schmetterlinge und einige wenige andere Insekten sehen auch Rot.

Dies ist der Kopf einer grünen Florfliege. Ihre Augen sind hellorange gefärbt.

Zwischen ihren Augen befinden sich die Fühler, die mit feinen Tasthaaren besetzt sind.

Ein Regenbogen. Pferdebremsen haben große, flache Augen. Die leuchtenden Farben entstehen, wenn die Facetten das Licht reflektieren. Jede einzelne Facette ist eine Art Trichter mit einer Linse am breiteren Ende. Das einfallende Licht trifft auf ein lichtempfindliches Stäbchen, das elektrische Impulse an das Insektenhirn weitergibt. Im Hirn schließlich werden die Bilder erkannt und sortiert: in mögliche Beute, Nahrung oder gefährliche Dinge, denen man nicht zu nahe kommen soll.

Auge einer Schwebfliege
(530fach)

Pferdebremse
(6fach)

Das ist das Auge einer Schwebfliege. Es besteht aus 57 lichtempfindlichen Einheiten. Diese Fliegen erzeugen eine Art Wachs zum Schutz ihres Körpers. Die weißen Flecken auf dem Auge stammen von diesem Wachs.

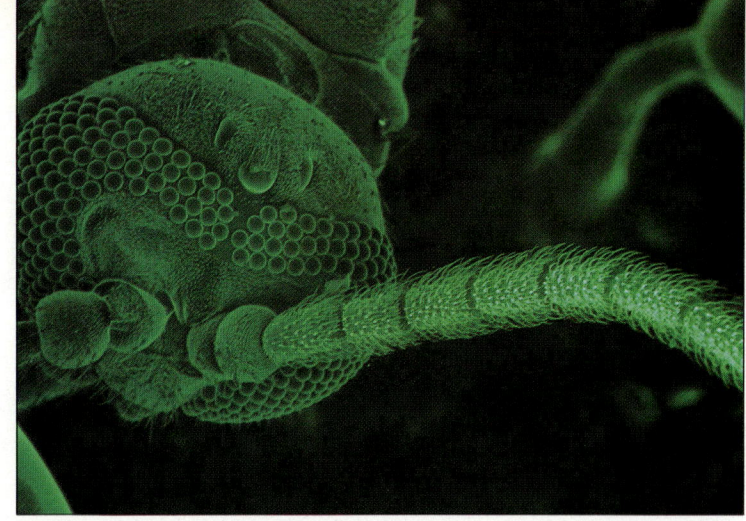

Wasserjungfer
(130fach)

SCHON GEWUSST?

Insekten mit Facettenaugen sehen die Welt in lauter einzelnen, kleinen Bildern, die sich in ihrem Hirn zu einem Gesamtbild vereinigen. Jede Facette liefert so ein Minibild aus einem anderen Blickwinkel. Den Facettenaugen entgeht auch nicht die kleinste Bewegung, doch so scharf und klar wie das menschliche Auge sehen sie nicht.

Fühlen, Riechen und Schmecken. Auf dem Kopf dieser Wasserjungfer befinden sich zwei lange, biegsame Fühler, auch Antennen genannt. Sie sind wichtige Sinnesorgane, denn sie beherbergen nicht nur den feinen Tastsinn. Sie können auch chemische Verbindungen in der Luft erkennen: So kann ihre Besitzerin riechen und schmecken. Auch auf Temperaturunterschiede reagieren die Antennen.

Mit ihrer Hilfe finden die Insekten heraus, welche Nahrung für sie geeignet ist, und, während der Paarungszeit, ob das jeweilige Männchen oder Weibchen auch wirklich ein Artgenosse ist. Wenn man ein Insekt genau beobachtet, kann man sehen, wie die Fühler ständig in Bewegung sind und alles betasten.

Wachs auf den Augen einer Schwebfliege
(3000fach)

Ein Libellenauge besteht aus 30.000 Facetten.

Das sind die großen, gelben Augen einer Tsetsefliege. Sie stehen seitlich vom Kopf ab und erlauben so einen ziemlich weiten Blickwinkel.

Tsetsefliege
(20fach)

Zungen und Röhren

Messerscharfe Zangen, spitze Nadeln, furchterregende Kiefer, seltsame Rüssel: Insekten können alle möglichen Mundwerkzeuge haben, je nachdem, wie ihre bevorzugte Nahrung beschaffen ist. Käfer und Ameisen zum Beispiel, die sich von Holz und Samenkörnern ernähren, haben starke Kiefer, um ihre oft sehr harten Mahlzeiten zu zerteilen. Schmetterlinge, die Nektar aus Blüten saugen, sind zu diesem Zweck mit einem schlauchartigen Rüssel ausgestattet.

Der »Strohhalm« ist immer dabei: Die meisten Schmetterlinge ernähren sich von Blütennektar, dem Saft reifer Früchte und anderen süßen Flüssigkeiten, manche Arten bevorzugen Aas oder tierischen Kot. Immer jedoch saugen sie ihre Mahlzeit mit ihrer langen, hohlen Zunge auf. Der Zucker gibt ihnen die zum Fliegen nötige Energie. Da sie ein sehr kurzes Leben haben, brauchen sie keine Muskeln aufzubauen und können daher auf feste Nahrung verzichten. Manchmal, während eines sehr heißen, trockenen Sommers, kann man beobachten, wie ganze Schwärme von Schmetterlingen feuchte Stellen zum Wassertrinken suchen.

Wenn ein Schmetterling gerade nicht hungrig ist, rollt er seinen Rüssel zusammen. Er besitzt Muskeln, eigens für das Einrollen und Strecken seiner hohlen Zunge.

Schmetterling beim Nektartrinken

Schmetterlingsrüssel

Eine kleine Saugpumpe. Schmeißfliegen haben besondere Mundwerkzeuge, mit denen sie ihre Nahrung – Aas, verdorbenes Fleisch und Tierkot – aufsaugen können. Wenn sie so von einer Mahlzeit zur anderen fliegen, bleiben oft Bakterien an ihren Beinen hängen. Eine Art Schmeißfliege, die Fleischfliege, sucht oft bei den Menschen nach Fleisch und Fisch. Findet sie unbedeckte Nahrung, setzt sie sich darauf, frißt und hinterläßt jede Menge Bakterien, die Krankheiten übertragen können.

Stubenfliege
(35fach)

Mundwerkzeuge einer Schmeißfliege

Stubenfliegen haben einen Rüssel wie eine Trompete. Damit saugen sie den Saft verdorbener Nahrungsmittel auf.

Dies sind die Mundwerkzeuge einer Holzbockzecke. Zecken befallen alle Tierarten, auch Menschen. Wie die Milben gehören auch sie eigentlich zur Klasse der Spinnentiere.

Holzbockzecke
(170fach)

Angenehme Ruhe?

Die Tsetsefliege bohrt ihren Rüssel durch die Haut eines Tieres oder Menschen, um Blut zu saugen. Sie ist in den afrikanischen Tropen zu Hause und verbreitet gefährliche Parasiten, die die tödliche Schlafkrankheit verursachen können.

Tsetsefliege
(8fach)

13

Ungewöhnliche Eier

ast alle Insekten legen Eier, deren Schale aus demselben Material besteht wie ihr Körperpanzer, aus Chitin. Wenn die Jungen schlüpfen, sehen sie ganz anders aus als ihre Eltern. Sie müssen erst verschiedene Stadien der Entwicklung – die Metamorphose – durchmachen, bevor sie ihnen gleichen. Viele Insekten legen ihre Eier direkt in die künftige Nahrung ihrer Sprößlinge.

(10fach)

(25fach)

(75fach)

Dies sind die Eier eines Weißlings auf der Unterseite eines Kresseblattes. Nach ein paar Tagen beginnen die Jungen zu schlüpfen. In wenigen Minuten sind sie schon damit beschäftigt, erst die Eierschalen und dann das Blatt, auf dem sie zur Welt gekommen sind, zu fressen. Die harten Borsten schützen sie davor, selbst gefressen zu werden.

Eier eines Weißlings

Durch die Röhre. Hier legt eine Fruchtfliege ein Ei. Es wird durch eine Legeröhre am Ende ihres Hinterleibs herausgepreßt. Viele weibliche Insekten haben scharf zugespitzte Legeröhren. So können sie ihre Eier in Früchte, zum Beispiel Pflaumen, legen. Dort ist die Brut nicht nur sicher vor Feinden, sondern die Larven haben auch sofort Nahrung, wenn sie schlüpfen. Manche Insekten legen ihre Eier auch in Blätter oder Holz. Sie schneiden Ritzen hinein und haben dafür am Ende ihrer Legeröhre messerartige Fortsätze.

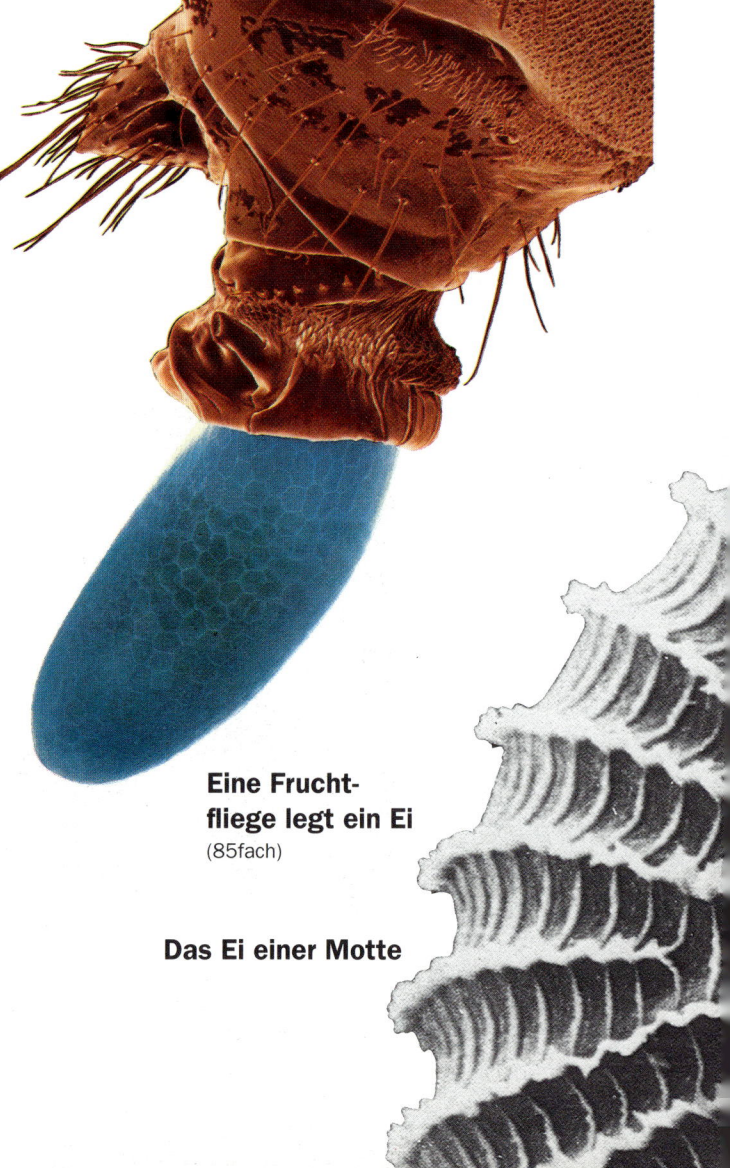

Eine Fruchtfliege legt ein Ei
(85fach)

Das Ei einer Motte

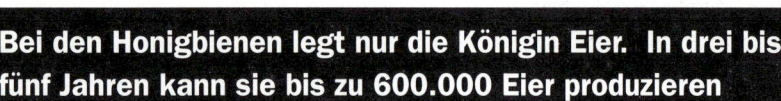

Bei den Honigbienen legt nur die Königin Eier. In drei bis fünf Jahren kann sie bis zu 600.000 Eier produzieren

Große Familien!

Stubenfliegen legen ihre Eier in Haufen von bis zu 150 Stück. Ein Weibchen lebt ca. einen Monat lang und kann in dieser Zeit an die 2000 Eier legen, vorzugsweise im Mülleimer, auf Fleisch oder auf Mist. Bereits nach 20 Stunden schlüpfen die Larven, aus denen nach zwei weiteren Metamorphosestufen, etwa zehn Tage später, erwachsene Fliegen werden.

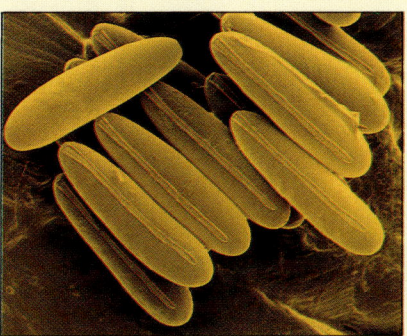

Eier einer Stubenfliege
(9fach)

SCHON GEWUSST?

In Nord- und Südamerika leben Dasselfliegen, die ihre Eier auf Stechmücken oder andere Fliegen legen. Setzt sich die Fliege auf einen Menschen, schlüpfen die Larven, lassen sich hinunterfallen und bohren sich in die menschliche Haut. Dort wachsen sie heran und erzeugen oft große Beulen.

Eine richtige Eierkollektion! Insekteneier gibt es in unzähligen Formen und Größen. Normalerweise sind es die kleinsten Insekten, die kleine Eier legen, doch manche Pflanzenläuse legen im Winter Eier, die fast so groß sind wie sie selbst. Eine Dobsonfliege hingegen legt 2000 bis 3000 Eier, die zusammen nur so groß sind wie eine junge Erbse.

Manche Insekteneier sind schuppenartig flach. Schmetterlingseier sind rund, bei manchen Arten auch kegelförmig. Heuschreckeneier sind längliche Walzen. Auch die Schalen sehen ziemlich verschieden aus: es gibt glatte, stachelige und runzlige. Viele Insekten bedecken die Brut nach der Eiablage, zum Schutz vor Feinden.

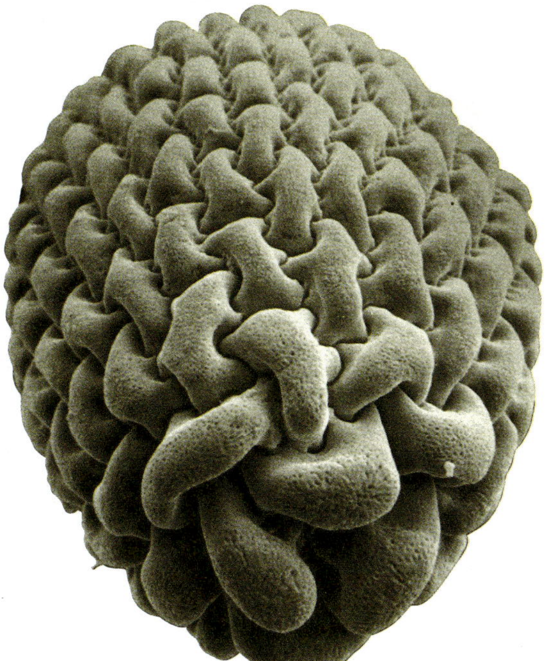

Ei einer Staubmilbe

Verwandlungen

Frisch geschlüpfte Insekten sehen in der Regel ganz und gar nicht aus wie ihre Eltern. Sie kommen als Raupen, Maden oder Larven zur Welt und müssen meist vier Stadien der Veränderung durchmachen. Erst nach dieser Metamorphose sind sie richtige Käfer, Fliegen, Schmetterlinge oder andere Insekten und können fliegen, sich paaren und Eier legen. Während all dieser Phasen kann ihr Lebensraum und ihre Nahrung recht verschieden sein.

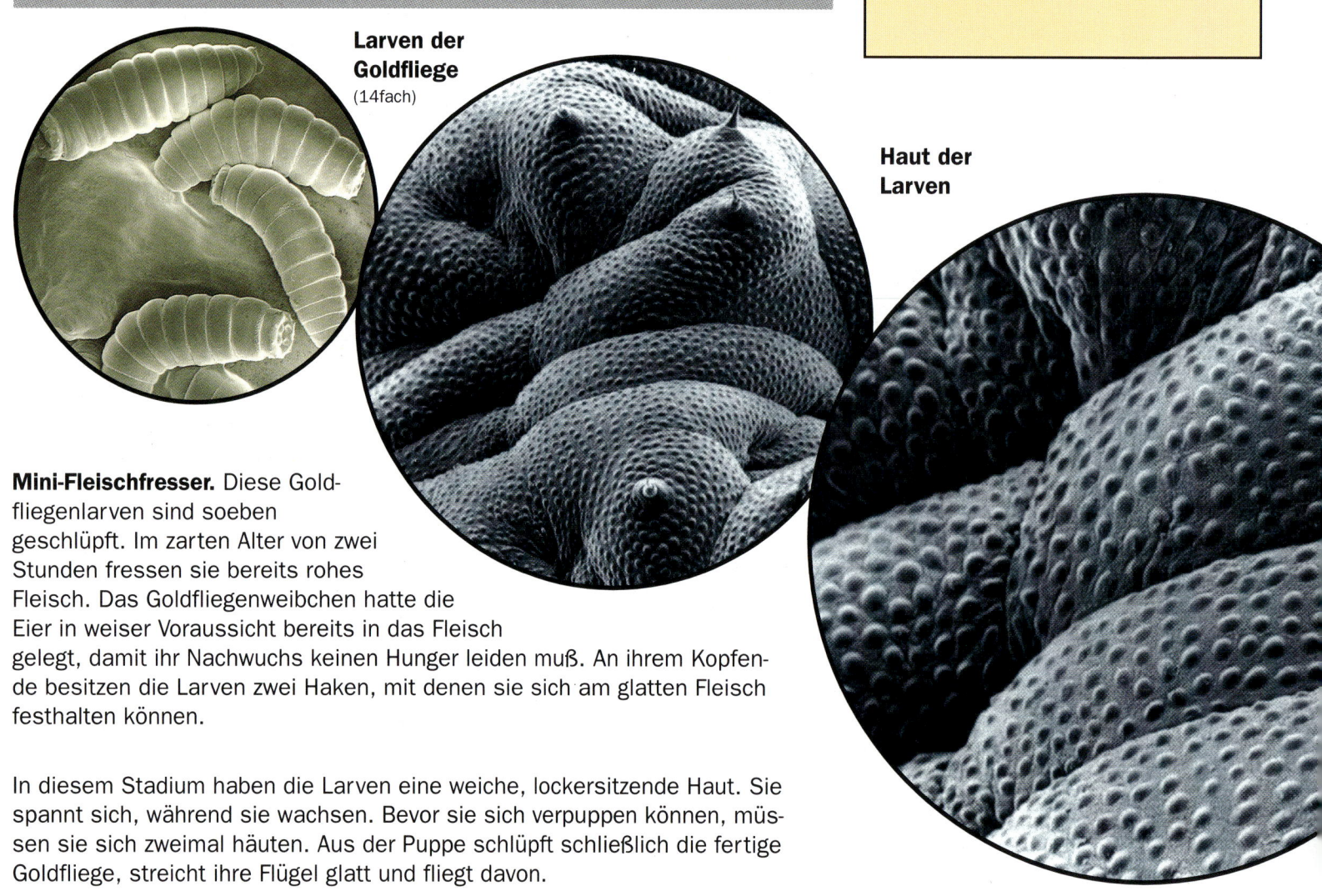

Larven der Goldfliege
(14fach)

Haut der Larven

Mini-Fleischfresser. Diese Goldfliegenlarven sind soeben geschlüpft. Im zarten Alter von zwei Stunden fressen sie bereits rohes Fleisch. Das Goldfliegenweibchen hatte die Eier in weiser Voraussicht bereits in das Fleisch gelegt, damit ihr Nachwuchs keinen Hunger leiden muß. An ihrem Kopfende besitzen die Larven zwei Haken, mit denen sie sich am glatten Fleisch festhalten können.

In diesem Stadium haben die Larven eine weiche, lockersitzende Haut. Sie spannt sich, während sie wachsen. Bevor sie sich verpuppen können, müssen sie sich zweimal häuten. Aus der Puppe schlüpft schließlich die fertige Goldfliege, streicht ihre Flügel glatt und fliegt davon.

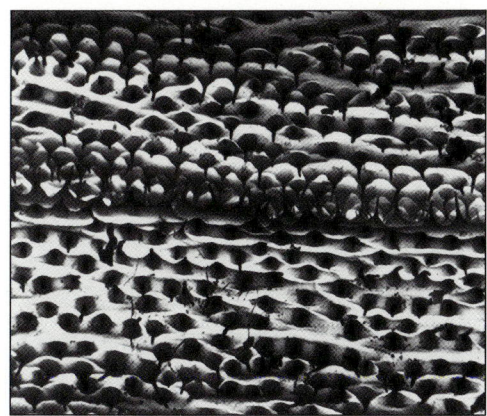

Haut einer Raupe

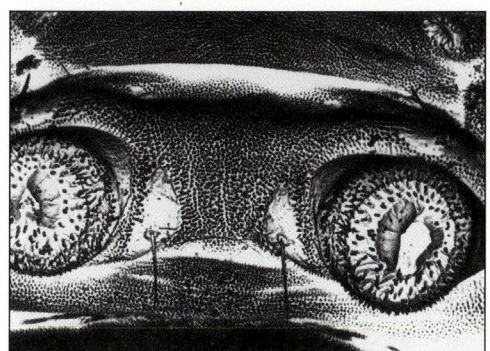

Beine einer Raupe

Fruchtfliege beim Schlüpfen
(60fach)

Raupen sind perfekte Freßmaschinen. Sie vertilgen enorme Mengen und wachsen sehr schnell, so daß sie sich oft bis zu viermal häuten.

Meist besitzen sie acht Paar Gliedmaßen. An den hinteren Beinpaaren haben sie kleine Widerhaken, mit deren Hilfe sie sich auf glatten Oberflächen festhalten können.

Diese Fruchtfliege kriecht gerade aus ihrer Puppe. Eine Art Hautballon auf ihrem Kopf füllt sich mit Blut und hilft ihr so, die Hülle zu sprengen. Danach schrumpft der Ballon wieder zusammen und verschwindet.

Blüten zum Frühstück (unten). Die Raupe eines Monarchfalters klammert sich mit den kleinen Haken an ihren Beinen am Stengel einer Wolfsmilchpflanze fest. Genußvoll frißt sie an einem Blütenblatt. Ihre starken Kiefer bewegen sich dabei nicht auf und ab, sondern von einer Seite zur anderen.

Raupen können sich auf verschiedene Arten vor ihren Feinden, besonders den Vögeln, schützen. Manche von ihnen sind so gut getarnt, daß man sie kaum von einem Blatt oder einem Stück Baumrinde unterscheiden kann. Andere wiederum tragen Signalfarben oder haben große, helle Flecken auf ihrem Kopf, die aussehen wie zwei Augen. Das schreckt die Vögel ab. Wieder andere fliehen blitzschnell oder lassen sich von ihrem Blatt hinunterfallen, wenn Gefahr droht.

Raupe eines Monarchfalters

Diese grünen Blattläuse befallen Stiel und Adern eines Blattes und saugen den Pflanzensaft heraus.

Pflanzensaftsauger

Große Ansammlungen von winzigen Läusen auf Blättern, Stengeln, Rinde und Wurzeln bestimmter Pflanzen sind keine Seltenheit. Normalerweise sind sie grün, braun oder schwarz und werden auch Blattläuse genannt. Sie saugen den Saft aus den Blättern. Befallene Blätter rollen sich dadurch zusammen, und die Pflanze verwelkt und geht zugrunde. Viele Obst- und Gemüsesorten wie Äpfel, Birnen, Trauben, Bohnen und Kohl werden von ihnen heimgesucht. Blattläuse können auch Krankheiten von einer Pflanze zur anderen übertragen.

Erwachsene Läuse bewegen sich langsam und haben keine Flügel. Sie vermehren sich rasch. Im Herbst paaren sie sich, und die Weibchen legen ihre Eier an sicheren Stellen, zum Beispiel in Rissen von Baumrinden, ab. Im Frühling schlüpfen die Jungen und fallen über die Pflanze her. Wenn zuviele Läuse auf einer Pflanze leben und nicht mehr genug Futter für alle da ist, bekommen die Weibchen Töchter mit Flügeln, die in Schwärmen davonfliegen und andere Wirtspflanzen suchen.

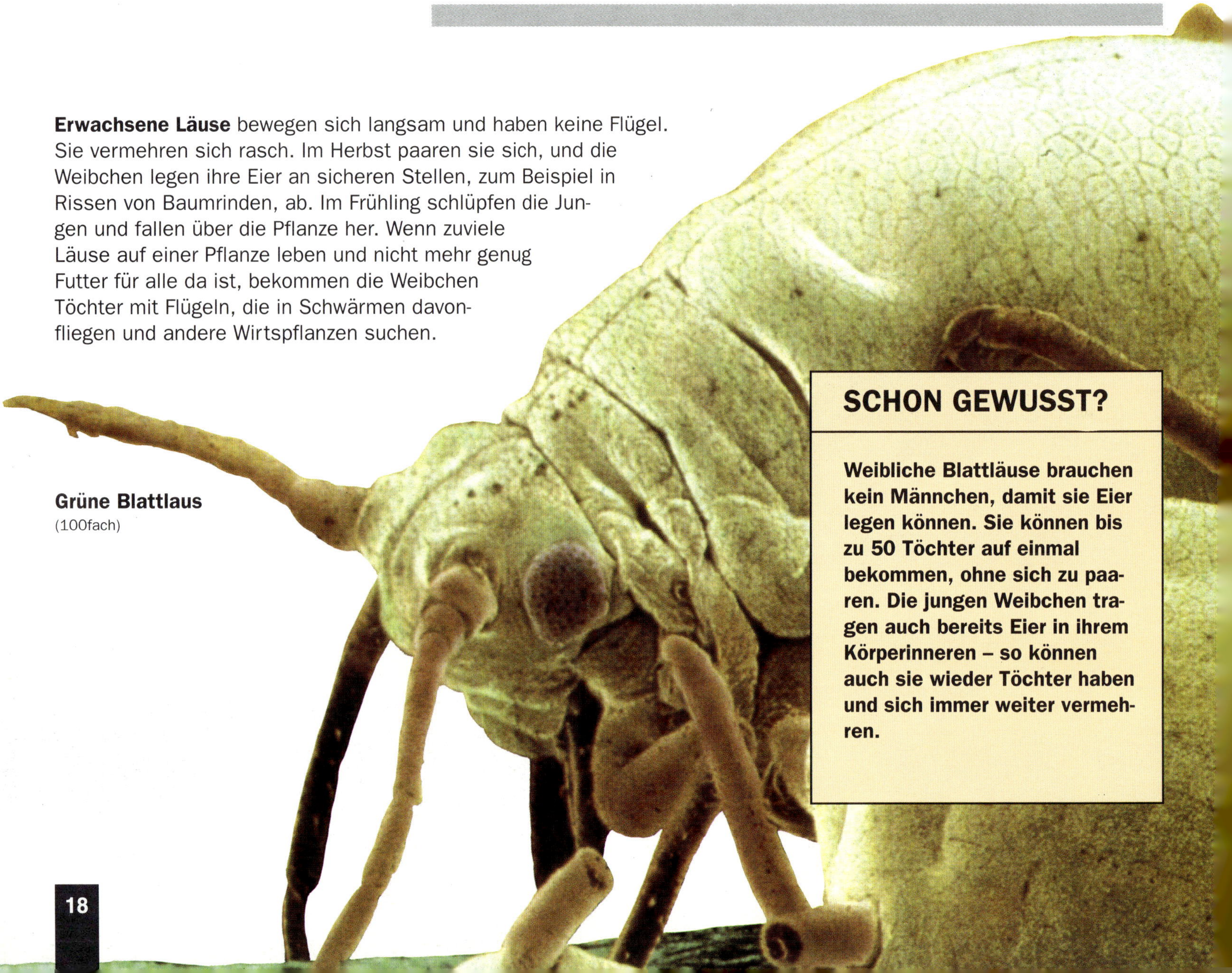

Grüne Blattlaus
(100fach)

SCHON GEWUSST?

Weibliche Blattläuse brauchen kein Männchen, damit sie Eier legen können. Sie können bis zu 50 Töchter auf einmal bekommen, ohne sich zu paaren. Die jungen Weibchen tragen auch bereits Eier in ihrem Körperinneren – so können auch sie wieder Töchter haben und sich immer weiter vermehren.

Dies sind die Mundwerkzeuge einer grünen Blattlaus, die gerade am Blatt eines Pfirsichbaumes frißt. Die zerknitterte Oberfläche des Blattes ist ein Zeichen, daß die Pflanze schon einmal von Läusen befallen war.

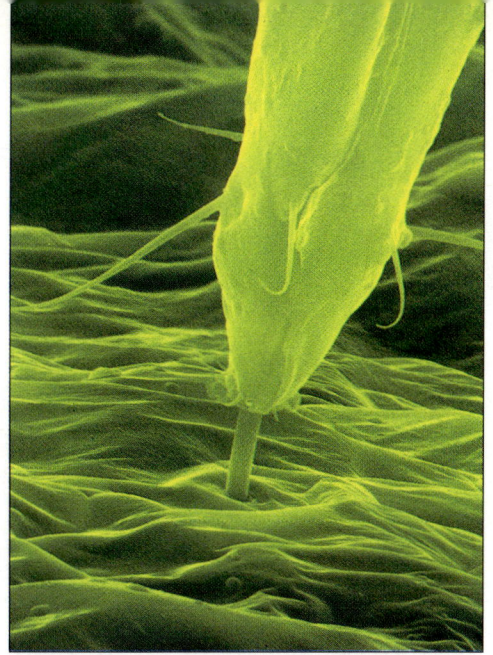

Mundwerkzeuge einer grünen Blattlaus (550fach)

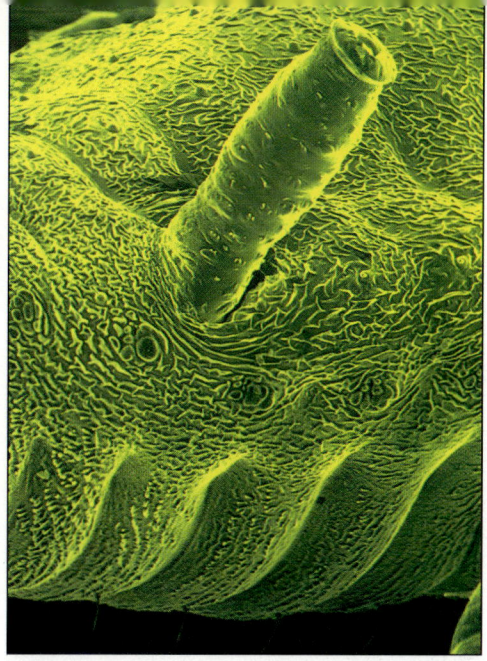

Wachsdrüse auf dem Rücken einer Blattlaus (250fach)

Wachs zur Verteidigung. Die zwei kurzen Röhrchen auf dem Rücken mancher Blattläuse werden als Waffe gegen Feinde eingesetzt: Das wachsige Sekret wird immer ausgeschieden, wenn Gefahr droht und soll den Körper der Laus schlüpfrig machen. Marienkäfer, Florfliegen, Schwebfliegen und Vögel haben es dann schwerer, ihre Beute zu fassen.

Manche Läuse produzieren einen watteartigen Flaum, mit dem sie sich bedecken. Man nennt sie deshalb auch Wolläuse. Sie kommen hauptsächlich auf Apfel- und Ahornbäumen vor. Unterhalb der Wachsdrüsen liegen die Atemröhren der Blattläuse. Jedes dieser Röhrchen kann separat geöffnet und geschlossen werden.

Würde die gesamte Nachkommenschaft einer Blattlaus überleben, hätte diese Mega-Familie nach einem Jahr etwa das Gewicht von 600 Millionen Menschen.

Der Ameisenstaat

Kopf einer schwarzen Wegameise
(45fach)

Ameisen kommen in unzähligen Größen und Formen vor. Es gibt insgesamt über 8000 Arten. Die größte Vielfalt ist in den warmen Ländern der Tropen anzutreffen. Fast alle Ameisenarten leben in einer Art Staat zusammen, der bis zu 200.000 »Staatsbürger« haben kann. In jedem dieser Staaten gibt es eine oder mehrere Königinnen. So nennt man die weiblichen Ameisen, die Eier legen. Die anderen Weibchen, die Arbeiterinnen, betreuen die Königin und kümmern sich um die Eier. Männchen gibt es nur einmal im Jahr, zur Paarungszeit. In so manchem Ameisenstaat unterscheidet man gewöhnliche Arbeiter und Soldaten. Manche Ameisenarten besitzen einen Stachel, andere verteidigen sich durch Verspritzen einer scharfen Säure.

Schwarze Wegameisen leben in Bauten, die zuvor von einer Königin angelegt wurden, meist unter Steinen, am Wegesrand oder unter Hausmauern.

Sklavenarbeit. Diese wehrhaften Kiefer gehören einer schwarzen Wegameise, einer Arbeiterin. Sie ernährt sich von kleinen Insekten, Raupen, Ohrwürmern und anderen Ameisen. Arbeiterinnen sind unfruchtbar und kümmern sich um die Eier, die ihre Königin legt. Sie füttern die Larven gleich nach dem Schlüpfen mit flüssiger, vorgekauter Nahrung. Außerdem halten sie die Eier warm und feucht und bringen der Königin ihr Futter.

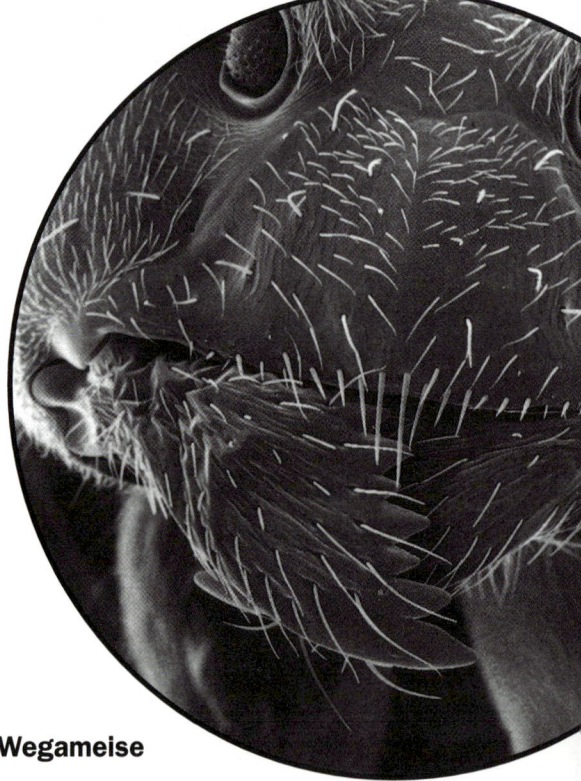

Mundwerkzeuge einer schwarzen Wegameise

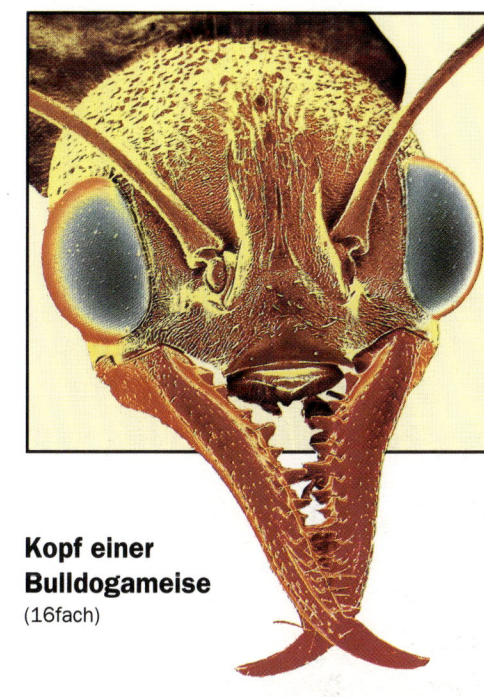

Spinnenjäger

Das ist der Kopf einer Bulldogameise. Diese Art lebt an der australischen Küste und in Tasmanien. Sie ist sehr groß, etwa so lang wie eine Mandel, und ihre Bisse sind ziemlich schmerzhaft. Die erwachsenen Tiere leben von süßen Pflanzensäften, doch für ihre Jungen jagen sie Spinnen und andere Insekten.

Kopf einer Bulldogameise
(16fach)

SCHON GEWUSST?

Manche Ameisen halten sich Blattläuse wie Kühe. Um sie zu melken, streichen sie mit ihren Fühlern über den Leib der Laus, die daraufhin eine Flüssigkeit, den sogenannten Honigtau, produziert. Die Ameisen trinken ihn und beschützen dafür die Eier der Laus.

Empfindliche Füße (rechts). Schwarze Wegameisen haben an ihren Beinen eine Menge hochempfindlicher Borstenhaare. An jedem Fuß haben sie ein Paar große Klauen, die ihnen guten Halt verleihen. Zwischen diesen Klauen befindet sich ein winziger Saugnapf, der beim Klettern sehr hilfreich ist: so können sie sogar auf der Unterseite eines Blattes kopfüber sicher ihren Weg finden.

Bein einer schwarzen Wegameise

Schwarze Wegameisen

Die größeren dieser Ameisen sind Königinnen, die kleinen Männchen. Nach der Paarung suchen sich die Königinnen einen Platz für ihren neuen Bau und lassen die sterbenden Männchen zurück.

Fleißige Bienen

Diese Hummel sucht gerade in einer Löwenzahnblüte nach Nektar. Ihr langer, schwarzer Rüssel ist ein geeignetes Werkzeug dafür.

Hummel

Nicht alle Bienen leben in einem Volk zusammen. Die meisten der verschiedenen Arten sind Einzelgänger und bauen Nester in hohlen Bäumen, Erdlöchern oder Felsspalten. Dort legen sie ihre Eier, versorgen sie mit Futter und verlassen sie sodann. Die Jungen schlüpfen alleine. Die bekannteste Bienenart, die Honigbienen, leben jedoch in großen Völkern zusammen. Alle Bienen ernähren sich von Nektar und Blütenpollen. Sie sind sehr nützlich, denn sie bestäuben die Pflanzen und Bäume.

SCHON GEWUSST?

Honigbienen sammeln Blütennektar in ihren Mägen. Oft besuchen sie bis zu hundert Blüten, bevor sie wieder zu ihrem Volk zurückkehren. Dort würgen sie den Nektar heraus. Arbeiterinnen vermischen ihn mit ihrem Speichel und lagern ihn in den Waben, wo er schließlich zu Honig wird. Die Bienen legen so einen Vorrat an, von dem sie sich selbst ernähren und auch die Jungen füttern.

Ein Korb voll Pollen (rechts). Honigbienen sammeln Pollen aus Blüten. Dazu benutzen sie ihre vorderen Gliedmaßen. Mit Kämmen, die sie ebenfalls an ihren Beinen haben, sammeln sie auch Pollenkörner ein, die an ihrem haarigen Körper hängengeblieben sind. An ihren Hinterbeinen haben sie aus feinen Haaren gebildete Körbchen, in denen sie die süße Last zum Bienenstock tragen.

Pollenkorb am Hinterbein einer Arbeiterbiene
(15fach)

Dieses Körbchen am Bein einer Honigbiene enthält Pollenkörner von einer Efeublüte.

Wenn eine Honigbiene einen nektarreichen Ort entdeckt hat, fliegt sie zurück und vollführt eine Art Tanz: So erklärt sie den anderen, wo die Futterquelle liegt.

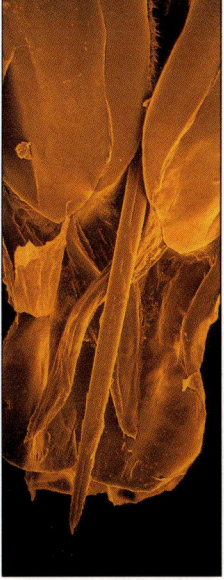

Bienenstachel
(16fach)

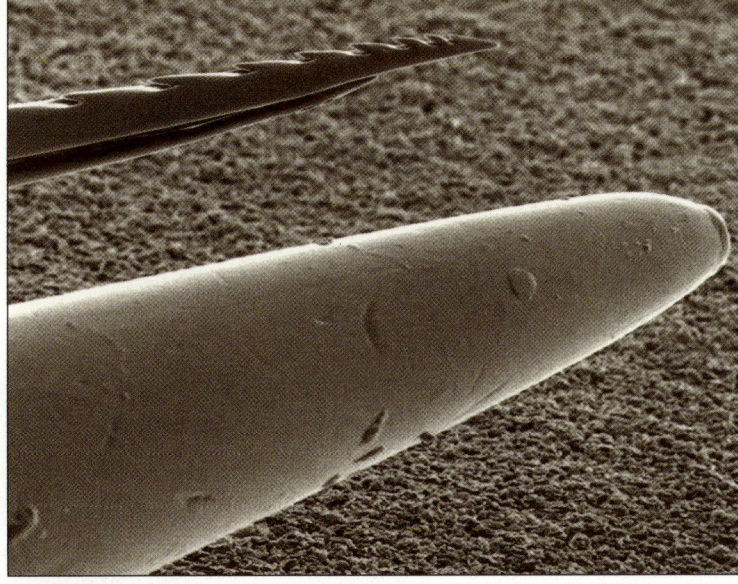

Bienenstachel und Nadelspitze
(240fach)

Ein Stachel als Schwanz (oben). Nur Honigbienen und wenige andere Arten besitzen einen Stachel. Die Arbeiterinnen haben ihn am Hinterende ihres Körpers. Eigentlich ist dieser Stachel eine umgewandelte Legeröhre, denn Arbeiterinnen sind unfruchtbar. Wenn die Biene selbst oder ihr Volk bedroht wird, bohrt sie ihren Stachel in den Angreifer und injiziert ihm einen Tropfen Gift. Damit kann sie andere Insekten lähmen und uns Menschen immerhin ziemliche Schmerzen verursachen.

Alle an Bord?

Bienenläuse leben auf Honigbienen, hauptsächlich Königinnen. Sie sitzen auf ihrem Rücken und ernähren sich von den Resten auf ihren Mundwerkzeugen. Sie legen ihre Eier in das Wachs der Honigwaben.

Bienenlaus

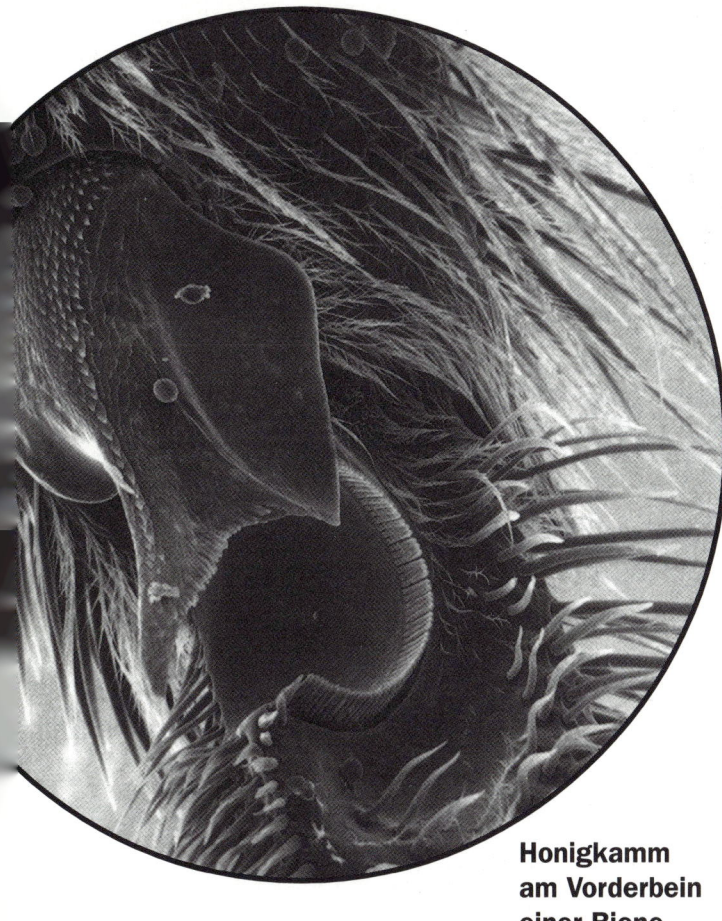

Honigkamm am Vorderbein einer Biene

Honigbienen produzieren Wachs und bauen sechseckige Waben. Dort werden die von der Königin gelegten Eier sicher verstaut und von den Arbeiterinnen gehütet und gepflegt.

Fliegenbeine

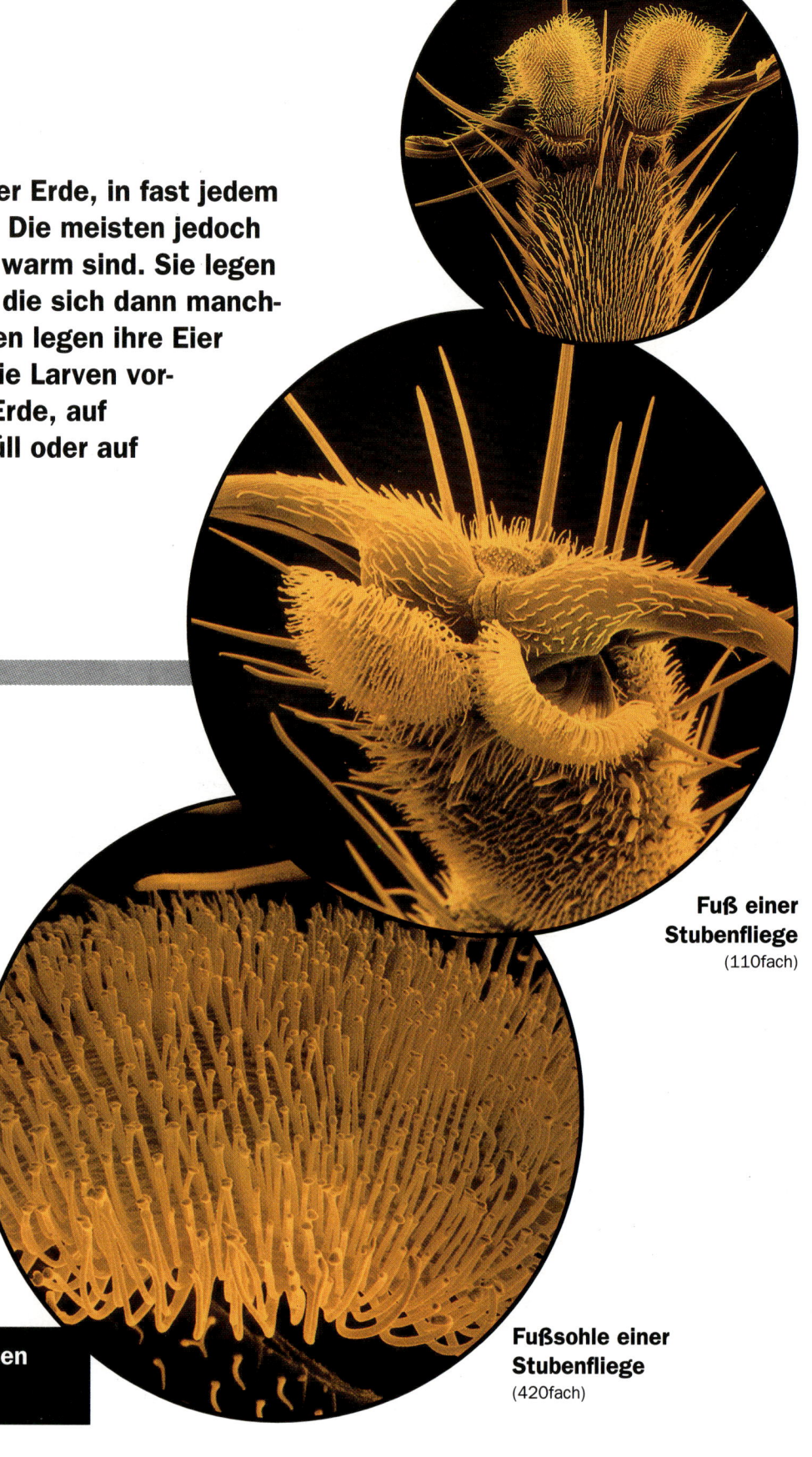

Bein einer Stubenfliege
(80fach)

Fliegen leben fast überall auf der Erde, in fast jedem Klima und in jeder Umgebung. Die meisten jedoch brauchen Brutplätze, die sehr warm sind. Sie legen Eier, aus denen Larven schlüpfen, die sich dann manchmal verpuppen. Die meisten Fliegen legen ihre Eier dort ab, wo genügend Futter für die Larven vorhanden ist: im Wasser, unter der Erde, auf Blättern und Stengeln, im Hausmüll oder auf tierischem Kot.

Eine klebrige Spur! Stubenfliegen haben zwei Greifklauen an jedem Bein. So finden sie Halt auf rauhen Oberflächen. Außerdem hat jeder Fuß noch ein kleines Polster aus feinen Röhrchen, das wie ein Saugnapf wirkt und auf glatten, schlüpfrigen Flächen Trittsicherheit gewährleistet. Zusätzlich produzieren die Röhrchen eine klebrige Substanz: noch mehr Bodenhaftung. Doch auch Bakterien bleiben dadurch an den Fliegenbeinen kleben. Wenn eine Fliege auf Nahrungsmitteln landet, bringt sie Krankheitserreger mit, die manchmal dem Menschen gefährlich werden können.

Fuß einer Stubenfliege
(110fach)

Stubenfliegen legen in ihrem vier Wochen langen Leben bis zu 2000 Eier.

Fußsohle einer Stubenfliege
(420fach)

Stubenfliege

Durch die Saug-polster an ihren Füßen kann eine Stubenfliege Wände hinauf-klettern und die Decke entlang-spazieren.

Meisterhafte Flieger. Eine Stubenfliege hat auf ihren Flügeln winzig kleine Här-chen, die dazu dienen, eine dünne Schicht Luft an der Flügeloberfläche zu halten. Dieser Trick verbessert ihr Flugverhalten. Sie sind nämlich aus-gezeichnete Flie-ger: In der Luft stehenbleiben, Sturzflug, auf dem Rücken fliegen, alles kein Problem. Dabei schlagen sie bis zu 200mal in der Sekunde mit den Flügeln.

Facettenauge einer Fliege

Flügel einer Stubenfliege

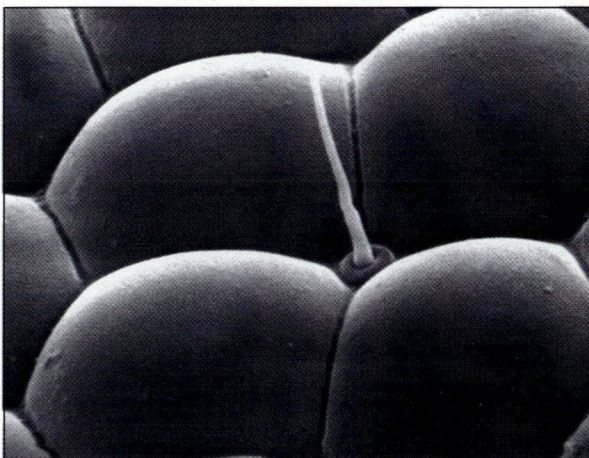

Fliegen können die kleinste Bewegung wahr-nehmen und blitzschnell rea-gieren. Dabei helfen ihnen nicht nur ihre Facettenaugen, sondern auch die empfindlichen Borstenhaare an ihrem Körper, die jeden noch so geringen Luftzug erspüren.

Sprungchampions

Flöhe sind besonders kleine Insekten, die auf andere Lebewesen angewiesen sind. Sie leben auf Menschen, Vögeln und anderen Tieren und saugen deren Blut. Viele Flöhe bevorzugen ein bestimmtes Wirtstier, doch wenn sie richtig hungrig sind, stürzen sie sich auf alles, was gerade in der Nähe ist. Kaninchenflöhe gehen oft auf Katzen über, Katzen- und Hundeflöhe beißen manchmal auch den Menschen. Die meisten Bisse sind harmlos und jucken nur ein wenig, manche können aber schwere Krankheiten übertragen.

Dieser Floh kriecht gerade durch das Fell am Ohr einer Katze. Flöhe können sehr lange ohne Nahrung auskommen. Doch wenn eine Katze vorbeikommt, stürzen sie sich sofort auf sie.

Floh auf einem Katzenohr

Es gibt ca. 1800 verschiedene Arten von Flöhen. Sie kommen überall auf der Welt vor.

Ideal gebaut für ein Leben im Verborgenen: Dieser Katzenfloh hat, wie alle seine Artgenossen, keine Flügel. Mit seinem hohen, schmalen Körper kann er sich flink zwischen den vielen Haaren seines Wirtstieres bewegen. Die stachelartigen Fortsätze an Kopf und Leib dienen zum Festhalten, mit seinen Mundwerkzeugen kann er die Haut der Katze durchbohren und von ihrem Blut trinken.

Flöhe legen winzigkleine, weiße Eier auf ihrem Wirtstier ab. Von dort fallen die Eier zu Boden, wo die Larven schlüpfen und sich von Mist, Abfall oder tierischem Kot ernähren. Dann spinnen sie einen Kokon. So können sie über eine lange Zeit bleiben. Sobald sie richtige Flöhe geworden sind, suchen sie sich ihr Wirtstier.

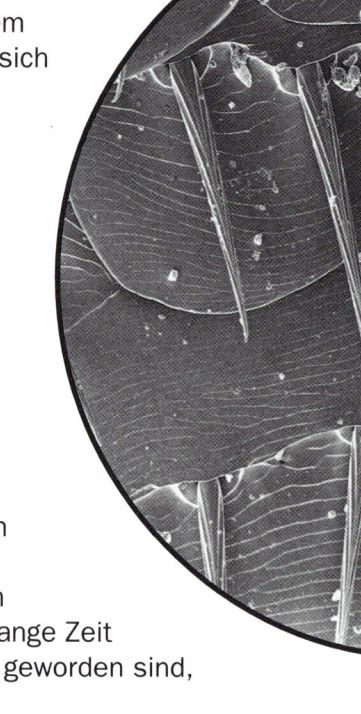

Kopf eines Katzenflohs
(110fach)

Stachelige Luftakrobaten. Flöhe sind exzellente Springer. Wenn ein Kaninchenfloh von seinem Wirtstier fällt, wartet er auf das nächste Kaninchen und springt los. In der Luft vollführt er eine Art Schraubendrehung. So ist seine Landung auf dem Fell des Kaninchens sicherer, er kann sich gut festhalten und rutscht nicht ab.

Flöhe, die auf einem Mutterkaninchen leben, gehen nach deren Geburt auf die Jungen über. Sie legen ihre Eier in den Kot der Kaninchen, damit die Larven gleich genug zu fressen haben.

Springender Katzenfloh
(25fach)

Ein Floh verdankt seine Sprungkraft seinen langen Hinterbeinen.

Körper eines Katzenflohs

Nacken eines Katzenflohs

SCHON GEWUSST?

Menschenflöhe sind die besten Springer von allen. Sie können 130mal höher springen als ihre eigene Körpergröße. Wollte ein Mensch eine solche Leistung vollbringen, müßte er einen siebzigstöckigen Wolkenkratzer mit einem Sprung überwinden.

Der schwarze Tod

Rattenflöhe können eine tödliche Krankheit übertragen, die Beulenpest, auch »Schwarzer Tod« genannt. Im 14. Jahrhundert starb etwa ein Viertel der westeuropäischen Bevölkerung an dieser durch die Bisse der Rattenflöhe verbreiteten Krankheit.

Rattenfloh
(450fach)

Käfer überall

Grüner Blattkäfer

Die Käfer sind die größte Tierfamilie auf Erden. Es gibt über 300.000 verschiedene Arten, und sie kommen fast überall vor. Alle Käfer haben einen hart gepanzerten Rücken. Dieser besteht aus zwei Flügeln, die jedoch nicht zum Fliegen verwendet werden. Sie bilden vielmehr einen sicheren Schutz für das zweite, »richtige« Flügelpaar des Käfers. Dieses ist nämlich sehr zart und dünn und muß gut verstaut sein, wenn es gerade nicht zum Fliegen gebraucht wird.

Ein verbohrter Zeitgenosse. Ein Rüsselkäfer hat einen ziemlich langen Kopf mit einer Art Schnabel, der mit kleinen, spitzen Kiefern besetzt ist. Viele Rüsselkäfer bohren damit kleine Löcher in Getreide, Saatgut, Reis und Nüsse. Oft zerstören sie die Vorräte der Menschen, und auch Nußbäume zählen zu ihren Opfern. Rüsselkäfer legen ihre Eier in die Getreidekörner oder Nüsse. Wenn die Maden schlüpfen, fressen sie ihr »Nest« und verschmutzen den Rest mit ihrem Kot.

Viele Käfer sind prächtig bunt gefärbt. Das ist zwar sehr auffällig, doch meist sind sie vor Vögeln trotzdem sicher. Ihr harter Panzer macht sie ziemlich unverdaulich und wenig schmackhaft.

Fuß eines Rüsselkäfers

Kopf eines Rüsselkäfers

Viele Käfer haben Widerhaken und Hunderte von kleinen Schuppen oder Borstenhaaren an ihren Beinen und Füßen. So können sie auf der Suche nach Nahrung besser an Pflanzenstengeln und Baumstämmen hochklettern.

Dieser Käfer lebt in Surinam, Südamerika. Wie die meisten seiner Artgenossen hat er lange, hochempfindliche Fühler, mit denen er Nahrung wittern, den Weg zu seinem Bau finden oder Artgenossen erkennen kann.

Surinamkäfer
(32fach)

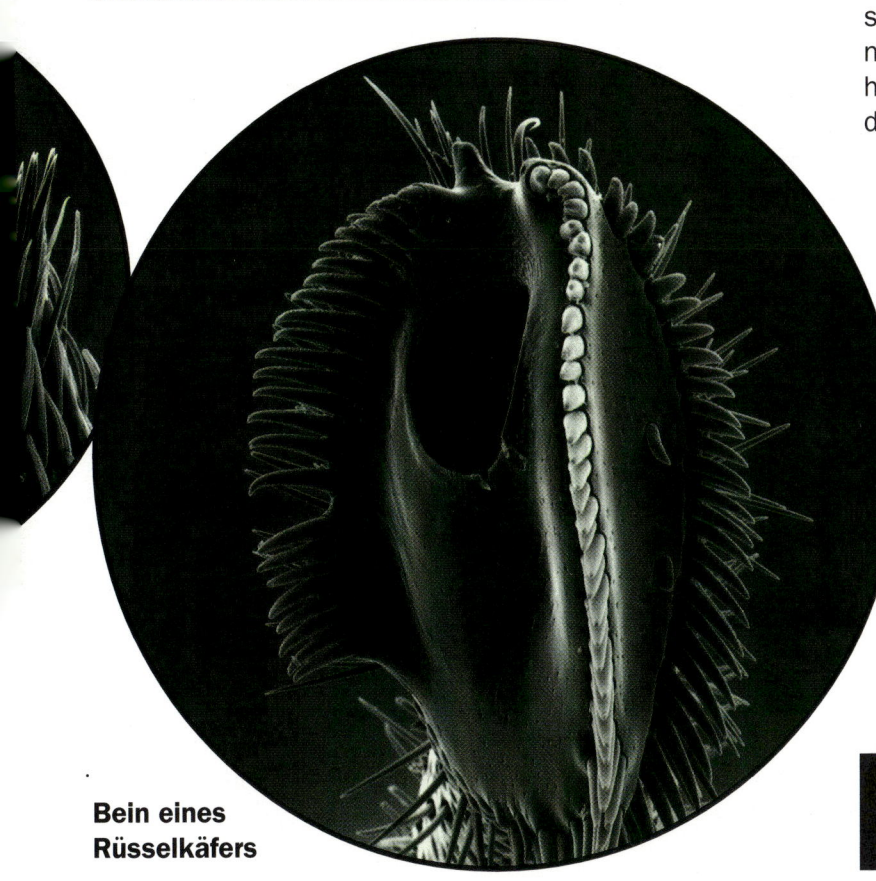

**Bein eines
Rüsselkäfers**

Individuelle Speisepläne. Die meisten Käfer haben sehr starke, messerscharfe Kiefer. Obwohl sie normalerweise nicht angriffslustig sind, kann man schon mal schmerzhaft gebissen werden. Normalerweise dienen die eindrucksvollen Mundwerkzeuge jedoch zum Zerkleinern von morschem und faulem Holz. Auf diese Weise stillen sie nicht nur ihren Hunger, sondern entfernen auch tote Bäume aus dem Wald. Andere ernähren sich von Aas und ersetzen so den Totengräber. Viele Käfer sind nützlich, weil sie schädliche Insekten fressen. Der Marienkäfer zum Beispiel bevorzugt Blattläuse.

Käfer legen Eier in Baumrinde, Holz, Erdlöcher und auch unter Wasser. Die Jungen, Maden genannt, fangen sofort nach dem Schlüpfen zu fressen an. Kleine Holzkäfer bauen lange Gänge in Baumstämme. Dort bauen sie an feuchten, warmen Stellen einen Pilz an, der sie und ihren Nachwuchs mit Nahrung versorgt. Die Maden verpuppen sich, bevor sie schlüpfen und richtige, erwachsene Holzkäfer werden.

Der Herkuleskäfer wiegt soviel wie zwei Hühnereier. Er ist das größte fliegende Insekt der Welt.

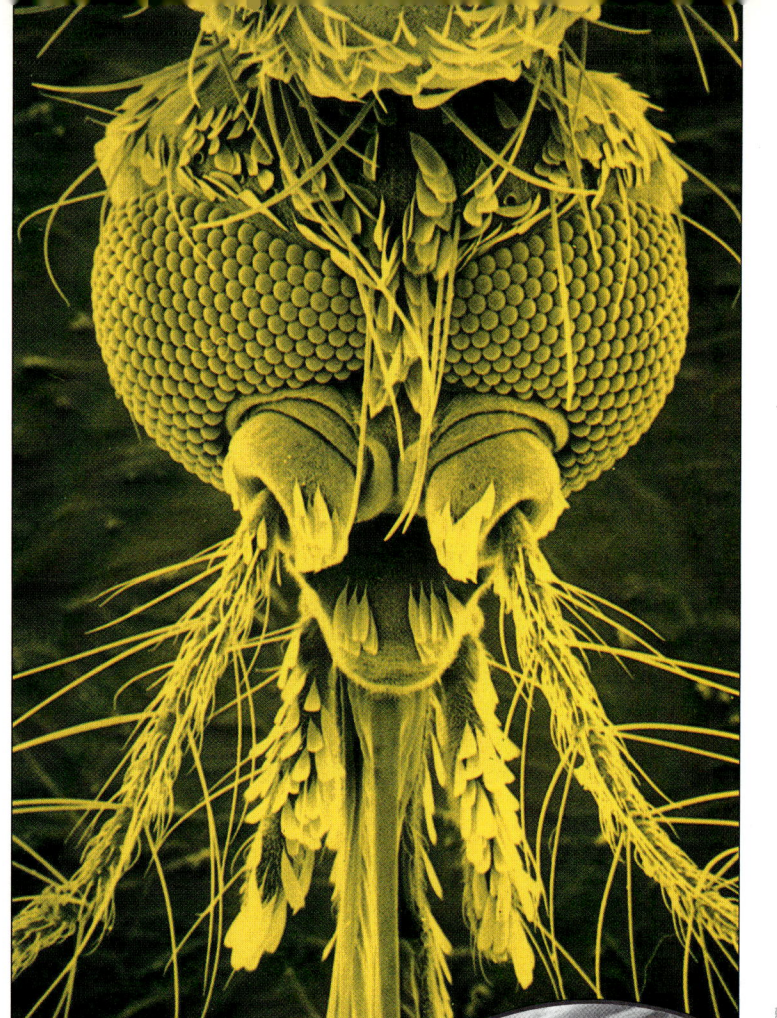

Blutsauger

Die Stechmücken, oft auch Moskitos genannt, sind aus zwei Gründen berüchtigt. Erstens haben sie die schlechte Angewohnheit, menschliches Blut zu saugen, zweitens übertragen sie schwere Krankheiten, Malaria und Gelbfieber. Doch nicht alle Mücken sind Blutsauger, und nicht alle Blutsauger haben es auf den Menschen abgesehen. Viele bevorzugen andere Säugetiere oder auch bestimmte Vogelarten. Übrigens stechen nur die Weibchen, die Männchen ernähren sich von Blütennektar und dem Saft reifer Früchte.

**Kopf eines Stechmücken-
weibchens**
(95fach)

**Die Fühler dieser
Moskitodame
sehen zwar
schon haarig
genug aus, doch
die des Männchens sind noch
viel buschiger.
So kann man sie
gut auseinanderhalten.**

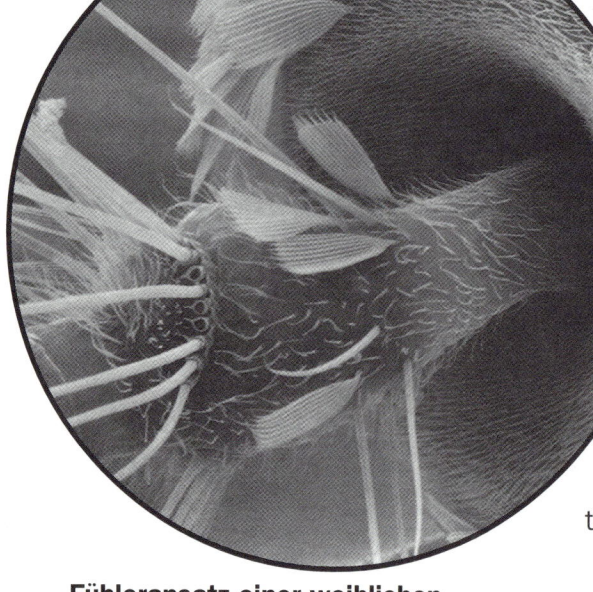

**Fühleransatz einer weiblichen
Stechmücke**
(500fach)

Eine Bakterienspritze. Wenn eine weibliche Stechmücke auf einem Menschen landet, bohrt sie sogleich ihren langen, spitzen Rüssel in seine Haut. In diesem Rüssel hat sie zwei Röhren. Eine davon enthält eine Flüssigkeit, die die Blutgerinnung verhindert. So bleibt das Blut ihres Opfers flüssig, und sie kann durch die zweite Röhre trinken, ohne daß ihr Mund verklebt. In der Flüssigkeit, die sie ihrem Opfer injiziert, sind manchmal Bakterien enthalten, oder auch, wenn sie vorher einen kranken Menschen gestochen hat, gefährliche Parasiten. Die Parasiten wandern in den Blutkreislauf und können schwere Krankheiten auslösen.

**Jährlich erkranken über 200 Millionen Menschen
an Malaria, zwei Millionen sterben daran.**

Abendtanz

Zuckmücken sind sehr klein und zierlich und kommen oft in Schwärmen nahe am Wasser vor, besonders an warmen Sommerabenden. Sie tanzen in der Luft, meist ein bis zwei Meter über dem Boden. Die meisten sind harmlos, doch manche fügen stark juckende Stiche zu.

Zuckmückenschwarm

Stechmücken haben schmale Flügel, deren Rand mit Schuppen besetzt ist. Sie dienen, wie die Klappen an einem Flugzeugflügel, der Steuerung während des Fluges.

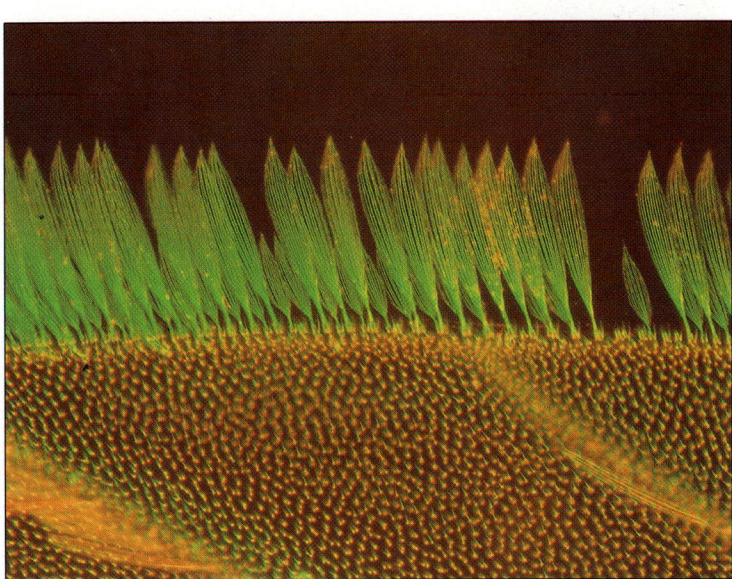

Rand eines Moskitoflügels
(360fach)

Balancehalter. Stechmücken haben im Gegensatz zu den Fliegen nur ein Paar Flügel. Ihr zweites Paar hat sich im Laufe der Jahre zu kurzen Schwingkölbchen unter den Flügeln entwickelt. So können sie ihren Flug besser ausbalancieren.

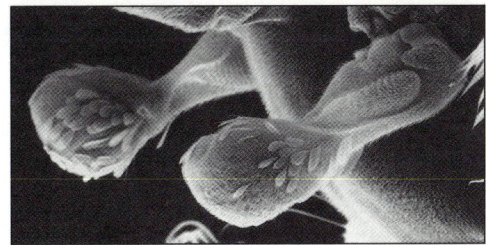

Schwingkölbchen

Manche Stechmücken fliegen geräuschlos, damit ihre Opfer nicht gewarnt werden. Andere wiederum geben ein charakteristisches, hohes Summen von sich. Manche fliegen nur am Tag, während andere Arten nachtaktiv sind.

Das ist die Rüsselspitze einer weiblichen Stechmücke. Wenn sie sich anschickt, ein wenig Blut zu saugen, stülpt sie die haarige Hülle zurück und die spitze Saugröhre kommt zum Vorschein.

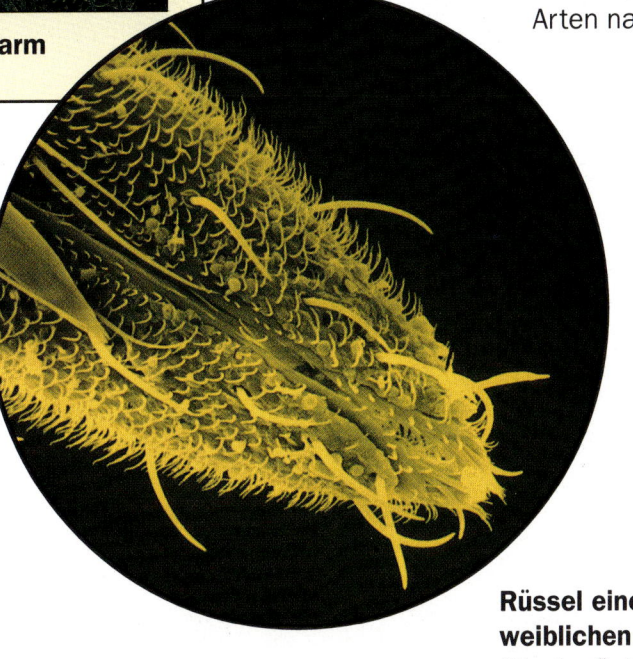

Rüssel einer weiblichen Stechmücke
(480fach)

SCHON GEWUSST?

Der erste Versuch, den Panamakanal zu bauen, mußte nach neun Jahren aufgegeben werden. Einer der Gründe dafür waren die Stechmücken, die in riesiger Zahl über die Arbeiter herfielen. Fast 16.000 Menschen starben in dieser Zeit an Malaria oder Gelbfieber.

Webkünstler

Spinnennetz

Eine Radnetz-
spinne lauert in
der Mitte ihres
aus klebrigen
Fäden gewebten
Netzes auf
Beute.

Spinnen sind eigentlich keine Insekten. Sie gehören, wie Skorpione, Milben und Zecken, zur Familie der Spinnentiere. Auch mit den Königs-krabben sind sie eng verwandt. Es gibt, auf der ganzen Welt verstreut, ca. 30.000 Spinnenarten. Viele Spinnen weben Netze, um ihre Beute zu fangen, doch manche bauen auch Fallen. Es gibt Spinnen, die sehr schnell laufen können und ihre Beute einfach jagen. Andere legen sich auf die Lauer und töten ihr Opfer mit einem Stich, sobald es nahe genug herangekommen ist.

Wer läßt sich umgarnen? Eine Spinne beginnt ihr Netz, indem sie einen fei-nen Faden, beispielsweise zwischen zwei Zweigen eines Strauches, spannt. Dann fügt sie von der Mitte aus mehrere Fäden wie die Speichen eines Rades hinzu. Ist diese Vorarbeit einmal abgeschlossen, werden stundenlang rundherum die Querfäden eingewebt. Ist alles fertig, wird noch ein Versteck an einem Ende des Netzes für die Hausherrin gewebt, wo sie sich auf die Lauer legt. Sobald sich ein Insekt in den klebrigen Fäden verfangen hat, stürzt sie hervor und packt ihr Opfer. Oft wird es auch noch mit Spinnfäden umwickelt.

(24fach)

Alle Spinnen haben einen in zwei Teile geglie-derten Körper: Kopf- und Brust-sektion sind zusammenge-wachsen und bil-den ein Seg-ment, das zweite ist der Hinterleib oder Abdomen. Sie haben vier Paar Beine, ein Paar Klauen und ein Paar Kiefer-fühler.

Spinne

Die Seide der Spinnen ist so fein und leicht, daß ein rund um die Erde reichender Spinnfaden nicht mehr wiegen würde als eine Orange.

Rohseide. Spinnen haben kleine Röhren, Spinndrüsen genannt, am hinteren Ende ihres Körpers. Meistens sind es sechs an der Zahl. Jede Drüse hat mehrere Öffnungen, aus denen feinste Fäden kommen, die dann zusammen einen Seidenfaden ergeben.

Spinnen sind große Webkünstler und es gibt viele verschiedene Arten von Netzen. Eine zum Beispiel webt eine Art Hängematte, die an einer Pflanze aufgehängt ist. Wenn ein Insekt hineinfällt, schießt sie sofort hervor und verschlingt es.

Augen einer Spinne
(12fach)

(310fach)

Die meisten Spinnen haben acht Augen. Diese Springspinne hat zwei Paar vorne und zwei Paar oben auf ihrem Kopf.

Spinndrüsen

Spinne beim Fressen

SCHON GEWUSST?

Es gibt Spinnen, die so groß sind, daß sie manchmal sogar Vögel fangen. Diese sogenannten Vogelspinnen leben in Erdlöchern in den Urwäldern von Südamerika, Asien und Afrika. Ihr Körper ist so groß wie ein Apfel und die Beine so lang wie ein Bleistift. Sie fressen auch andere Kleintiere wie Eidechsen oder Insekten.

Eine Spinne packt ihre Beute mit den Klauen und tötet sie dann mit ihrem Gift. Dann saugt sie ihr Opfer aus.

Krabbeltierchen

W enn man im Garten vorsichtig einen größeren Stein aufhebt, kann man sie oft sehen: kleine Krabbeltierchen, die das Licht gar nicht mögen und davonhuschen, um sich an warmen, feuchten Plätzen zu verstecken. Asseln sind dabei, Hundertfüßer und Tausendfüßler. Sie gehören auch nicht zur Klasse der Insekten, haben keine Flügel und ihre Körper bestehen aus mehreren Segmenten. Auffällig ist, daß sie eine ganze Menge Beine haben.

Zusammengerollte Kugelassel

Ein gelenkiger Panzer. Asseln sind die einzigen an Land lebenden Verwandten der Krabben. Ihre Körper sind mit harten, grauen Panzerplatten bedeckt, die eine starke, aber sehr bewegliche Rüstung bilden: Manche Asselarten rollen sich bei Gefahr zu einer kleinen Kugel zusammen.

Sie lieben feuchte, warme Plätze, denn sie müssen ihre Körper immer feucht halten. Wenn sie austrocknen, sterben sie. Oft kommen die Asseln nachts aus ihrem Versteck hervor, um zu fressen. Sie lieben Holz, Blätter, tote Insekten und überreife Früchte.

Kopf einer Assel
(60fach)

Tausendfüßler haben Fühler und feine Haare am Kopf, durch die sie ihren Weg zu feuchten, warmen Stellen finden können.

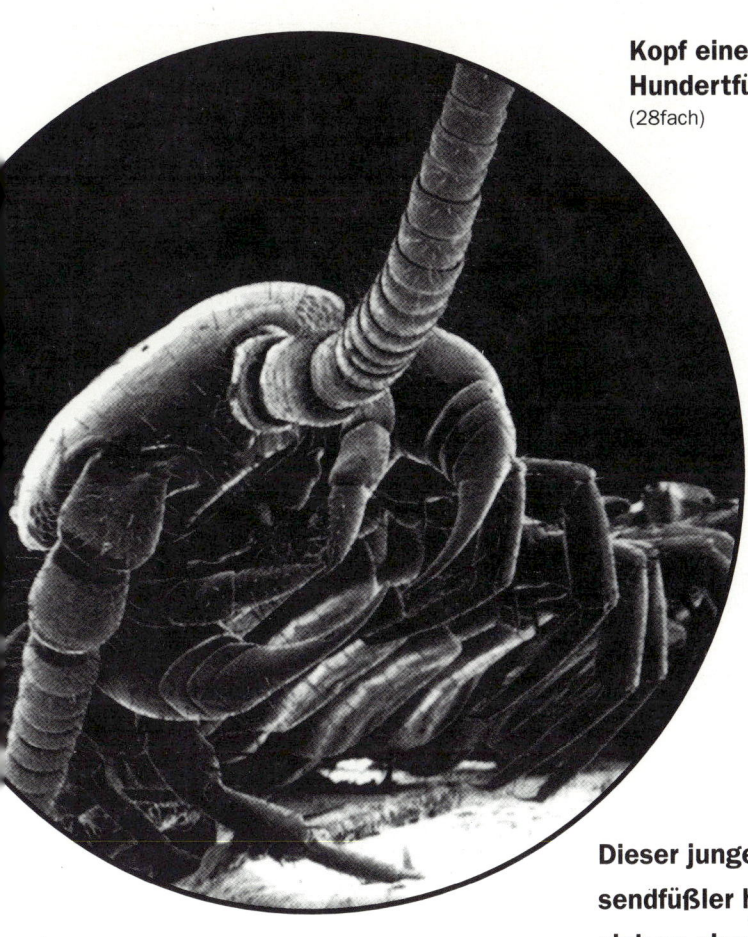

Kopf eines Hundertfüßers
(28fach)

Beine, Beine und nochmals Beine! Hundertfüßer setzen sich aus vielen gleichen Segmenten zusammen, jedes davon besitzt ein Paar Beine. Tagsüber verstecken sie sich, erst nachts werden sie aktiv. Sie fressen Würmer, Insekten und Spinnen. Damit sie diese auch packen können, besitzen sie starke Kiefer. So beißen sie ihre Opfer und injizieren ihnen ein Gift, das sie lähmt. Oft haben sie aber nicht wirklich hundert Füße, wie ihr Name sagt: Es gibt Arten, die 34 Beine haben, andere mit über 300.

Tausendfüßler sind leicht von Hundertfüßern zu unterscheiden. Sie haben an jedem Körpersegment zwei Paar Beine anstatt nur einem. Sie bewegen sich trotzdem sehr langsam und fressen faule Blätter und andere Pflanzenteile. Manchmal können sie zur Plage werden, wenn sie beispielsweise zu Tausenden über ein Zuckerrübenfeld herfallen.

Kopf eines Tausendfüßlers
(60fach)

Dieser junge Tausendfüßler hat sich zu einer harten Kugel zusammengerollt. So verteidigt er sich gegen seine Feinde. Wenn Tausendfüßler zur Welt kommen, haben sie zuerst nur drei Paar Beine. Sie wachsen und bekommen mehr Segmente, und damit auch mehr Gliedmaßen.

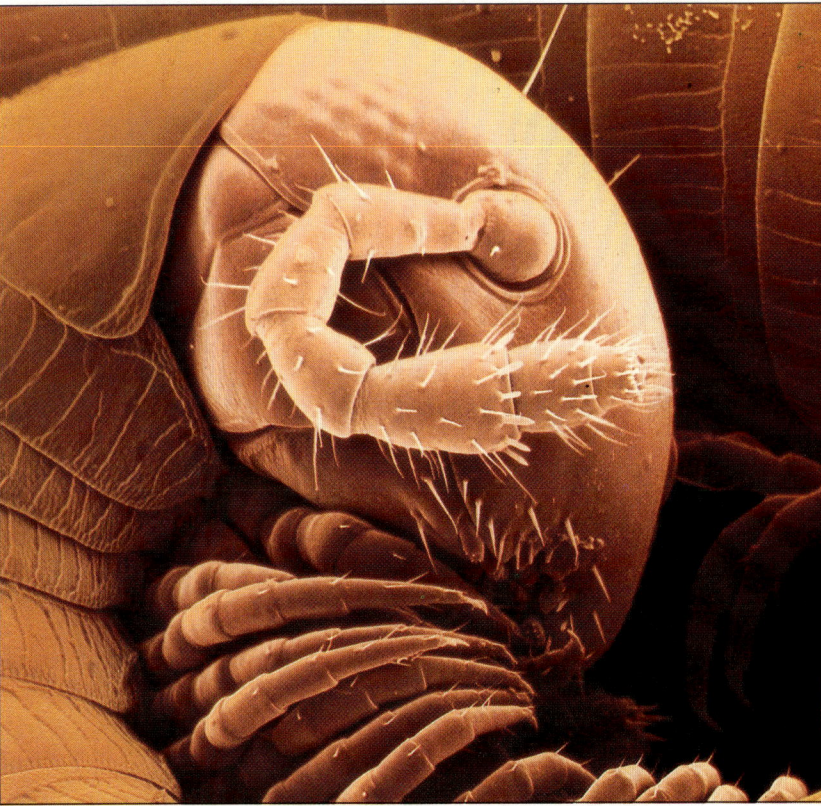

Zusammengerollter Tausendfüßler
(50fach)

In tropischen Ländern gibt es Hundertfüßer, die so lang sind wie eine Seite dieses Buches. Mit ihrem Gift können sie Vögel töten.

Rate mal!

1 Eine scharfe Schere – Oft sieht man eine solche im Garten, aber sicher nicht im Geräteschuppen.

2 Ein schiefergedecktes Dach – Diese »Schindeln« fliegen häufig durch die Luft, haben aber noch nie jemandem weh getan.

3 Ein meisterhafter Kupferstich – Doch dieses Kunstwerk wird bald von seinem jungen Besitzer zerstört.

4 Bruchlandung – Mußte hier ein Raumschiff notlanden? Den kleinen Passagier in dieser Kapsel wird es nicht lange auf der Erde halten!

5 Eine herrliche Brosche – Aber eine Nadel ist höchstens im Schaukasten eines Naturkundemuseums dran.

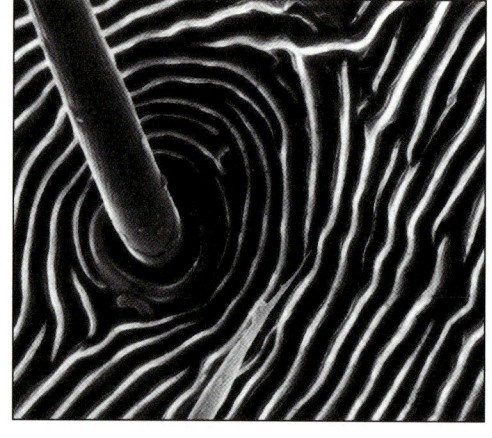

6 Eine Handvoll Honig – Diese Riesenklaue hält eine der süßesten Gaben der Natur in der Hand.

7 Eine wirbelige Angelegenheit – Ihre Besitzerin ist ganz und gar der Spinnerei verfallen.

8 Die Außerirdischen kommen! – Viele Landwirte leben in ständiger Angst vor einer Invasion dieser Wesen.

1. Kieferzangen eines Ohrwurms, 10fach vergrößert, **2** Schuppen auf einem Schmetterlingsflügel, 10fach vergrößert, **3** Oberfläche eines Schmetterlingseis, 550fach vergrößert, **4** Schmetterlingsei, 40fach vergrößert, **5** Harlekinbockkäfer, **6** Honigkamm, **7** Haut einer Spinne, **8** Raupe des Tabakspanners, 70fach vergrößert

GLOSSAR

Abdomen – auch Hinterleib genannt; bei Insekten und Spinnen enthält er die Verdauungs- und Fortpflanzungsorgane.

Antennen sind die Fühler der Insekten. Sie beherbergen hauptsächlich den Tast- und Geruchssinn.

Atemröhren oder Tracheen sind kleine Öffnungen in der Brust, die der Atmung dienen.

Arachnida ist die zoologische Bezeichnung der Spinnentiere. Zu ihnen gehören Spinnen, Zecken, Milben und Skorpione. Die Tiere dieser Klasse haben immer acht Beine.

Chitin ist ein hartes Material, aus dem sowohl der Körperpanzer als auch die Flügel der Insekten bestehen.

Facettenauge – ein sehr kompliziert gebautes Auge aus Hunderten sechseckigen Einzelfacetten. Jedes dieser kleinen Sechsecke kann Bilder aus einem anderen Winkel wahrnehmen. So bekommt das Hirn eine Vielzahl von Informationen, die es zu einem Ganzen zusammenfügt. Mit Facettenaugen ist immer alles im Blickfeld!

Facette. Eine Facette ist eine Linse, die Lichtimpulse durch lichtempfindliche Fasern an das Hirn weiterleitet. Dort wird die Information aus allen Facetten zu einem ganzen Bild zusammengefügt.

Flügelschuppen sind eigentlich breite, flache Haare, die einander wie Dachschindeln überlappen. Schmetterlings- und Mottenflügel sind so aufgebaut.

Häuten. Wenn die Insekten wachsen, wächst ihr Panzer nicht mit. Sie streifen ihn daher ab, denn es wächst ihnen ein neuer, größerer.

Mundwerkzeuge sind ausgeprägte, oft sehr scharfe Unterkiefer, mit der ein Insekt seine Nahrung packt und zerkleinert.

Metamorphose heißt die Entwicklung vom Insektenei zum fertigen Insekt. Meist erfolgt diese in vier Phasen. Aus dem Ei schlüpft eine Raupe, die dann zur Puppe wird, aus der schließlich das fertige Insekt schlüpft.

Nektar – eine süße Flüssigkeit, die manche Pflanzen produzieren. Manche Vögel und viele Insekten lieben ihn.

Parasit – ein Wesen, das auf oder in einer lebendigen Pflanze oder einem Tier lebt und sich von ihm ernährt. Parasiten können Krankheiten übertragen und in der Landwirtschaft viel Schaden anrichten.

Pollen sind ein feiner Staub, der von den männlichen Fortpflanzungsorganen der Blüten produziert wird. Bienen sammeln ihn und machen Honig daraus. Sie transportieren ihn in speziell dafür angepaßten Körbchen an der Außenseite ihrer Beine.

Puppe ist eine der Phasen der Metamorphose. Manche Insekten verpuppen sich über den Winter, andere jedoch behalten jahrelang dieses Stadium bei.

Raupen sind die wurmartigen Jungen von Schmetterlingen und Motten.

Rüssel. Viele Insekten besitzen einen Art Mundschlauch, der in Wirklichkeit eine hohle Zunge ist. Sie saugen ihre Nahrung damit auf.

Spinndrüsen – auch Spinnwarzen genannt. Spinnen haben sie am hinteren Ende ihres Körpers. Sie produzieren damit die Seidenfäden für ihre kunstvollen Netze. Jede Spinndrüse hat mehrere Öffnungen, so daß jeweils mehrere hauchzarte Seidenfäden zu einem stabileren vereinigt werden.

Thorax oder Brust, der mittlere Teil eines Insektenkörpers. Alle sechs Gliedmaßen und seine Flügel, falls es welche hat, entspringen diesem Körperteil.

Tausendfüßler sind, wie Hundertfüßer, aus vielen Segmenten aufgebaut. Jedes Segment besitzt zwei paar Beine.

Tarnung schützt Insekten vor ihren Feinden. Leib und Flügel sind ähnlich ihrer Umgebung gemustert, so daß das bewegungslose Insekt kaum wahrgenommen werden kann.

Wachsdrüsen sind kleine, kurze Röhrchen am Rücken mancher Blattläuse. Sie produzieren eine wachsartige Flüssigkeit, die es Lausfressern schwermacht, ihre Beute zu fassen.

INDEX

Bildnachweis

Die Autoren und Herausgeber danken Andrew Syred (Microscopix) und Liz Hirst (National Institute of Medical Research) für ihre tatkräftige Unterstützung bei den Vorbereitungsarbeiten für dieses Buch. Besonderer Dank gebührt auch den unten angeführten Fotografen und Instituten, mit deren freundlicher Genehmigung folgende Bilder verwendet wurden:

Dr. Tony Brain: S. 5 unten rechts, S. 25 Mitte, Mitte rechts und unten rechts, S. 27 unten rechts, S. 30 unten, S. 28 unten links, S. 29 oben, S. 31 Mitte rechts, S. 34 unten links, Einbandrückseite unten
Bruce Coleman: S. 21 unten
Norman Tomalin: S. 25 oben
David Burder: S. 32 unten

Steve Gschmeisner: S. 6-7 Mitte, S. 7 links, S. 12 rechts, S. 16 Mitte und rechts, S. 17 oben links und Mitte links, S. 33 unten rechts

Liz Hirst (N.I.M.R.): S. 26-27 unten, S. 27 Mitte

The Natural History Museum, London: S. 3 unten rechts, S. 8 Mitte rechts, S. 9 unten links, S. 13 Mitte links,   S. 14-15 unten, S. 15 unten rechts, S. 20 rechts, S. 21 Mitte rechts, S. 23 unten links, S. 28 Mitte und Mitte rechts, S. 29 unten, S. 36 Mitte rechts

Nature Photographers, Brinsley Burbidge: S. 11 oben rechts, **Geoff du Feu:** S. 18 oben links, **Paul Sterry:** S. 8 oben links
NHPA, Anthony Bannister: S. 12 links, **George Bernard:** S. 36 Mitte links, **Andy Callow:** S. 34 Mitte links, Einbandrückseite oben links, **James Car-**

michael: S. 5 Mitte, S. 17 unten, **Stephen Dalton:** S. 26 oben, S. 28 oben, S. 36 unten rechts, **Peter Johnson:** S. 31 Mitte links
Rothamsted Experimental Station: S. 35 oben links
Science Photo Library, Dr. Brad Amos: S. 23 Mitte rechts, **Biophoto Associates:** S. 34-35 unten, **Dr. Tony Brain:** S. 30 oben, S. 31 unten links, **Dr. Jeremy Burgess:** S. 3 Mitte links, S. 5 unten links, S. 10 oben rechts und unten rechts, S. 11 links und unten rechts, S. 13 unten rechts, S. 14 oben links, Mitte links und unten links, S. 15 oben rechts, S. 16 links, S. 17 oben rechts, S. 19 oben links, S. 20 links, S. 21 oben rechts, S. 22 links und rechts, S. 23 oben links, S. 24 oben, Mitte und unten, S. 35 unten rechts, **Darwin Dale:** S. 10 unten links, **Judy Davidson:** S. 7 unten rechts, **Catherine Ellis, Dept of Zoology, Hull University:** S. 7 oben, **Stevie Grand:** S. 4 unten links, **Adam Hart-Davis:** S. 32 oben links, **Manfred Kage:** S. 3 rechts, S. 13 unten rechts,
J. C. Revy: S. 36 oben rechts, **David Scharf:** S. 1, S. 13 oben rechts, S. 14 rechts, S. 18-19 unten, S. 19 oben rechts, S. 26 unten links, S. 27 oben rechts, S. 32-33 oben, S. 33 Mitte und oben rechts, S. 36 unten links, **Jeremy Trew:** S. 4 oben links

Andrew Syred (Microscopix): S. 4 oben rechts, Mitte rechts, unten rechts und unten Mitte, S. 6 Mitte links, unten links und unten Mitte, S. 8 Mitte links und Mitte, S. 9 oben und unten rechts, S. 23 oben Mitte und unten rechts, S. 31 oben rechts, S. 36 oben links, oben Mitte und Mitte, Einbandrückseite oben rechts

Illustrationen:
S. 6: **Paul Richardson**
Alle übrigen Illustrationen von Jane Gedye